KB097196

흥하는 자소서 망하는 자소서

당신의 자소서가 광탈을 면치 못하는 진짜 이유!

흥하는 자소서

망하는 자소서

오미현 지음

골든타임

CONTENTS

프롤로그

이 책은 두 가지 질문에서 시작되었습니다.

첫째, '취준생분들이 전문가에게 코칭 받듯이 자소서 작성에 대해 알려주는 책이 있으면 얼마나 좋을까?'라는 생각이었습니다. 자소서 작성 교육을 하러 가면 취준생분들의 표정이 어두워요. 설명을 들을 때는 알 것 같은데 막상 자신의 자소서에 접목하려면 쉽지 않기 때문입니다. 그런데 작성한 것을 함께 고민하고 이야기하다 보면, 고민하던 것들이 풀려 스스로 흐름을 찾는 분들을 많이 보았습니다. 쉬는 시간도 없이 틈틈이 1:1로 피드백을 해도 시간이 부족하여 수업이 끝날 때마다 취준생분들의 아쉬운 표정이 늘 여운으로 남았습니다.

둘째, '취준생분들에게 15년 이상 많은 기업에서 교육하면서 느꼈던 기업 이야기를 해주면 도움이 되지 않을까?'라는 생각이었습니다. 신입사원 교육을 할 때마다 신입사원의 밝은 표정을 보면 저 또한 에너지를 받습니다. 하지만 3개월만 지나도 자신이 생각했던 일과 달라, 조직문화가 맞지 않아 어려움을 호소하는 경우가 많아요. 취준생일 때는 취업이 어려워 고민하지만 막상 취업을 해도 고민은 많습니다. 사실 그 고민은 당연한 일이예요. 입사하기 전까지는 우리는 조직과 직무에 대해 인터넷으로 접하기 때문에 현실 상황을 정확하게 알기 어렵습니다.

따라서 이 책은 전문가에게 코칭 받는 것처럼 자소서를 작성할 수 있습니다. 자소서 작성에서 중요한 요소가 기업에서 왜 중요한지 기업의 입장에서 생생하게 이야기해줍니다. 또한 자소서 작성 시 준비한 요소들이 면접에서 어떻게 활용되는지, 면접 준비를 하면서 궁금한 점과 연습 방법도 담고 있어요.

이렇게 활용해 보세요

이 책에는 반대되는 두 개의 캐릭터가 나옵니다. 광탈이는 자소서를 넣기만 하면 빛의 속도로 떨어지는 캐릭터이고, 열정이는 자소서를 어디에 넣어도 다 붙는 캐릭터입니다. 서로 반대되는 사례를 읽으면서 자신을 점검하고 성장할 수 있는 요소를 체크해 보세요.

또한 책 뒤 부록에 '자소서노트'가 있습니다. 책의 안내에 따라 자소서노트를 작성하면서 자신만의 차별화된 자소서를 만들어 보세요. 이미 작성해 놓은 자소서가 있다면, 자신의 자소서가 잘 작성되었는지 체크하며 읽어봅니다.

챕터1에서는 회사생활 꿀팁이 함께 소개됩니다. 이것은 자소서의 중요 요소가 회사생활에 적용된다는 것을 이해하기 위해 작성된 내용입니다. 회사생활의 꿀팁까지 꼼꼼히 읽어서 그 요소의 중요성을 큰 관점에서 이해해보세요. 자소서 작성이 처음인 분들은 챕터1을 읽으면서 자소서 주의점을 생각해보세요.

챕터2에서는 자소서에 필요한 준비사항이 정리되어 있습니다. 자소서 준비사항은 면접에서도 그대로 적용되기 때문에 시간을 들여 정성껏 준비해보세요. 부록 자소서노트에 꼼꼼히 정리해놓으면 지속해서 잘 사용할 수 있습니다.

챕터3에서는 자소서 작성법으로 기본 자소서와 기업별 자소서로 구성되어 있습니다. 부록 자소서노트에 하나씩 작성하여 나만의 자소서를 완성해 보세요. 이해를 돕기 위해 문항별 좋은(good) 사례와 나쁜(bad) 사례가 나와 있어요. 이것은 이해를 위해 제시된 것이지 정답은 아닙니다. 참고만 간단히 하고 여러분의 경험으로 멋진 자소서를 만들어보세요. 다른 사람이 작성한 자소서를 많이 참고하는 것은 권해드리지 않아요.

자소서를 작성한 후 다시 챕터1로 돌아가 점검해 보세요. 잘 되었다고 생각되시면, 챕터4로 가세요. 자소서에서 중요한 사항들이 면접에서도 그대로 적용됩니다. 어떻게 연결되는지 설명되어 있어요. 특히 여러분들이 면접에서 궁금할 수 있는 내용으로 정리되어 있으니, 읽어 보시고 연습 방법에 따라 매일 하나씩 실천해 보세요. 면접은 '연습'입니다. 또한 비대면 면접 스킬도 소개되어 있어서 비대면 면접을 준비하는 분들은 꼭 확인해보세요. 아무쪼록 이 책으로 성공하는 자소서를 만들어 꼭 취업에 성공하시길 기원합니다.

2021년 9월 어느날

오미현

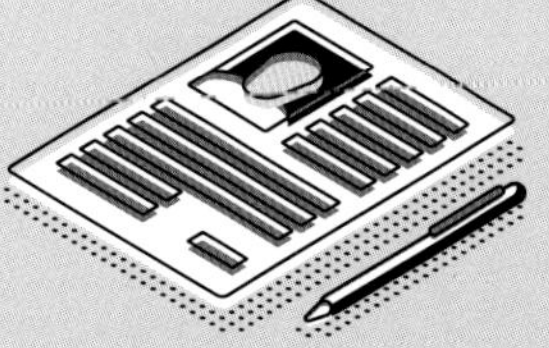

살면서 어떤 도전에 실패한 경험이 있나요?

만약 실패했다면 그 이유를 생각해 보았나요?

처음부터 잘하는 사람은 없습니다. 누구나 시작할 때는 막연하고 뜻대로 안 되는 경우가 많죠. 중요한 것은 시도했다는 그 자체이고, 이 시도를 발판 삼아 또 다시 도전해야 한다는 것입니다. 이때 도전 성공률을 높이기 위해서는 기존의 잘못된 방법을 수정해야 합니다. 잘못된 방법으로 계속 시도하는 것은 의미가 없어요.

그래서 챕터1에서는 자소서에 대한 잘못된 생각이나 기존 작성법에 대해 무엇이 잘못되었는지 설명하고 있어요. 실패하는 요소와 성공하는 요소를 비교하면서 자신의 자소서에 대해 생각해 보는 시간이 되었으면 좋겠어요.

특히 소개된 요소들은 취업 후 '일을 못 하는 사람'과 '잘하는 사람'의 특징이기도 합니다. 자소서에만 한정하지 말고 더 큰 관점으로 회사생활에서 이 요소가 왜 중요한지 이해하며 자소서와 면접에 적용해보세요

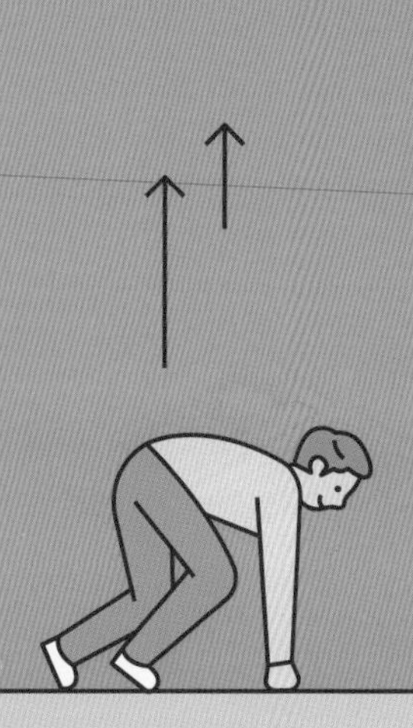

CHAPTER 01

흥하는 자소서에는 이유가 있다

01

에세이 vs 스토리텔링

"제 자소서에 스토리텔링이 없다는데, 그게 도대체 뭐에요?"

광탈(빛의 속도로 탈락)을 경험한 분들이 저에게 하는 하소연입니다. 취업 관련 뉴스나 기사 또는 인사담당자의 인터뷰에서 스토리텔링의 중요성을 많이 언급하죠. 그래서 우리는 스토리텔링의 중요성을 잘 알고 있습니다. 하지만 자소서를 작성할 때에는 작성하는데 급해서 스토리텔링에 대해 잘 의식하지 못하죠. 사실 의식을 한다 해도 스토리텔링이 무엇인지 모르는 경우도 많습니다. 다음에 나오는 광탈이의 자소서에서 스토리텔링이 있는지 살펴볼게요.

> **성장과정을 작성하시오.**
>
> 저는 유복하지 않은 집에서 자랐습니다. 형편이 되지 않아 학원에 다닐 수 없는 저는 학원을 많이 다니는 친구들이 부럽고 속상했습니다. 하지만 학원에 다니지 않아도 좋은 성적을 받을 수 있다는 생각에 저만의 목표를 세웠습니다. 수업 시간에 졸지 말자, 항상 앞자리에 앉아 선생님의 수업에 집중하자, 모르는 것이 있으면 질문하자 등 이런 목표들을 지키면서 지금의 저를 만들 수 있게 되었습니다. 대학생이 되었을 때도 등록금과 생활비를 해결하기 위해 장학금을 타거나 아르바이트를 했습니다. 저는 물질적으로 어려운 상황에서도 제가 할 수 있는 것을 보여주기 위해서 포기하지 않았고 남들이 더 좋은 교육을 받는다고 하더라도 독학을 하며 성적이 떨어지지 않도록 유지했습니다. 이런 상황을 버티게 한 힘은 굳건한 의지라고 생각합니다. 이런 굳건한 의지를 바탕으로 주어진 상황에서 노력하고 해결하는 인재가 되겠습니다.

생각해보기

광탈이의 자소서는 스토리텔링으로 구성되어 있나요?

여러분이 생각하는 스토리텔링은 무엇인가요?

우리는 자소서를 작성하면서 스스로 감동할 때가 있어요. 하지만 채용담당자는 우리가 감동한 것만큼 감동하지 않습니다. 사실 자소서에서 왜 감동해야 하는지, 어떤 요소가 감동을 주는지 이해하지 못하죠. 망하는 자소서가 되는 이유는 *스토리텔링이 *에세이 형식이라고 착각하는 것입니다.

에세이 형식으로 채용담당자의 감성을 울린다는 생각은 버려야 합니다. 특히 조직의 리더들은 글을 많이 읽는 사람들입니다. 하루에도 이메일, 보고서, 뉴스 등 수많은 정보를 접하기 때문에 무슨 말을 하는지 알 수 없는 글을 읽는 것을 굉장히 싫어하죠. 요점 없이 에세이처럼 쓴 글을 보면 '질문을 제대로 이해는 했는지' 의문이 들기도 합니다.

자소서에서 스토리텔링은 무엇일까요?

우리는 스토리텔링을 오해하고 있어요. 열정이의 자소서를 보면서 스토리텔링이 무엇인지 정리해 볼게요.

성장과정을 작성하시오.

저는 어려운 상황이 주어져도 좌절하거나 포기하지 않고 좋은 성과를 내려는 의지가 강합니다. 어렸을 때부터 부모님의 도움을 받기보다는 스스로 해결해야 하는 상

용어 정리

에세이
일정한 형식을 따르지 않고 인생이나 또는 일상생활에서 느낌이나 체험을 생각나는 대로 쓴 글

스토리텔링(storytelling)
'스토리(story) + 텔링(telling)'의 합성어로서 말 그대로 '이야기하다'라는 의미. 즉 상대방에게 알리고자 하는 바를 재미있고 생생한 이야기로 설득력 있게 전달하는 행위.

황이 많았습니다. 친구들은 당연히 다니는 학원조차도 다닐 수 없었지만 부러워하거나 좌절하지 않았습니다. 학원에 다니지 않아도 수업 시간에 집중하면 좋은 성적을 낼 수 있다는 생각에 저만의 목표를 세웠습니다. '수업 시간에 졸지 말자, 앞자리에 앉아 집중하자. 모르는 것이 있으면 질문하자, 모르는 것을 해결하고 집에 가자' 이런 목표와 실천으로 제가 만족하는 성적을 유지할 수 있었고 목표한 대학에 입학할 수 있었습니다. 이렇게 주어진 상황을 받아들이고 목표한 성과를 내려는 의지가 대학교 생활에서도 적용되었습니다. 등록금과 생활비를 해결하기 위해 4년 동안 아르바이트를 했고, 혹시 학업에 소홀해질까 학업에 집중하기 위해 나만의 목표를 세우고 실천하여 장학금을 받게 되는 성과도 이루었습니다. 저는 주어진 상황보다 이것을 받아들이고 그 속에서 목표를 세워 이루는 과정이 더 중요하다고 생각합니다. 일에서도 상황보다는 목표를 이루기 위해 노력하고 이룰 수 있는 인재가 되겠습니다.

생각해보기

열정이가 말하려는 것은 무엇인가요?

그의 메시지는 잘 전달되었나요?

광탈이와 열정이의 글의 재료는 같습니다. 하지만 이것을 어떻게 표현했는지는 다르죠. 광탈이는 자신이 어려웠던 상황을 표현했어요. 마치 친구에게 '나 이런 고생을 하면서 열심히 살았어.'라고 이야기하듯 말하고 있죠. 하지만 열정이는 말하고 싶은 것이 뚜렷합니다. '어려운 상황에서도 좌절하지 않고 성과를 내려는 의지', 둘의 표현 중 누구의 글이 설득력 있을까요? 잘 구성된 스토리는 누군가를 설득시키는 힘이 있고 스토리의 핵심이 쉽게 전달됩니다.

그래서 '자소서 스토리텔링'이란 자신이 말하고자 하는 핵심 메시지를 찾고 이것이 잘 전달할 수 있도록 돋보이게 표현하는 것입니다. 그러나 '자소서 스토리텔링'은 우리가 일반적으로 생각하는 '스토리텔링'과 다릅니다.

일반 스토리텔링은 내가 알리고 싶은 메시지라면, 자소서 스토리텔링은 기업 입장에서 흥미를 느끼는 메시지라는 것입니다. 기업 입장에서 흥미란 기업, 직무에 맞는 이야기라는 것이죠. 따라서 '기업이 원하는 인재, 직무에 잘 맞는 인재'를 생각한 후, 나의 특성에 대해 생각해봅니다. 그리고 이 둘 사이에 교집합을 찾아 핵심 메시지를 작성한다면 더 설득력을 높일 수 있어요. 이때 기업이 생각하는 인재상과 내가 강조하고 싶은 나의 모습 사이의 교집합을 찾는 게 가장 중요합니다. 상대가 무엇에 흥미를 느끼는지 알지만 내가 그것에 맞는 이야기가 없거나 내가 하고 싶은 말이 있는데 상대가 흥미가 없다면 상대를 움직일 수 없죠. 설득은 이것이 모두 맞을 때 일어납니다. 스토리텔링에 대해서는 챕터3에서 작성법과 함께 더 자세히 설명할게요.

"자소서 스토리텔링이란 기업 입장에서 흥미를 느낄 수 있는 것과 내가 말하고 싶은 것의 교집합을 찾아 핵심 메시지를 만들고 나의 경험에서 그 메시지를 돋보이게 표현하는 것이다."

회사생활 꿀팁 ①

보고할 때 스토리텔링 하세요

스토리텔링은 기업에서도 중요합니다. 예를 들어, 생수를 생산하는 기업이라고 가정해볼게요. 수많은 생수 브랜드에서 우리 기업의 생수를 어떻게 하면 더 많은 고객에게 알리고 선택하게 만들 수 있을까요? 이것을 가능하게 해주는 것이 스토리텔링입니다. 스토리텔링으로 더 많이 알려진 에비앙의 이야기를 해볼게요.

[에비앙의 스토리텔링]

에비앙 생수는 프랑스의 작은 마을 에비앙의 땅속에서 퍼 올린 지하수로 알프스에서 녹은 눈과 빗물이 두꺼운 빙하의 퇴적물을 통과하며 만들어졌어요. 긴 시간 천연 여과를 거쳐 인체에 필요한 칼슘, 마그네슘, 탄산수염 등이 함유된 건강하고 안전한 생수입니다. 하지만 소비자들은 이런 요소만으로 비싼 에비앙을 구매 하진 않겠죠. 비싼 돈을 내고 마실 정도의 욕구를 일으킬 수 있는 매력이 필요했습니다. 이것이 바로 에비앙의 스토리가 필요한 부분이었죠. 1789년 평소 신장 결석으로 고생하던 레세르 후작은 휴양 차 에비앙 마을에 방문했어요. 레세르 후작은 친구인 카샤의 정원에서 지하수를 주기적으로 마셨고 기적처럼 신장 결석이 완치되

없죠. 이 이야기가 전해지면서 이 지하수를 마시길 희망하는 이들이 많았졌어요. 에비앙을 방문하는 이들이 많아지자 캬샤는 1824년 자신의 정원을 폐쇄하고 생수를 생산하기 시작했습니다. 치료효과가 있는 신비의 물을 판매한다고 소문을 내고 자신의 이름을 따서 '카샤의 물'이라는 명칭으로 판매하기 시작했어요. 소문이 전해지자 1864년 나폴레옹 3세는 공식적으로 에비앙이라는 이름을 하사했고 1878년 프랑스 의학 아카데미에서 뛰어난 치료 효과를 인정하며 의학계의 인증까지 받은 생수가 되었습니다. 이후에도 에비앙은 마시는 생수 외에 피부 윤기와 탄력을 좋게 해주는 안전한 천연 미용 제품이라는 소문도 퍼져나갔죠. 그 후 에비앙은 물 이상의 가치를 내세웠고, 지금까지도 비싼 금액을 지불하고도 에비앙을 선택하게 만들 수 있었습니다.

이처럼 스토리텔링은 제품을 살릴 수 있는 엄청난 힘이 있어요. 이런 스토리텔링이 기업 제품에도 중요하지만, 개인의 조직생활에서도 중요합니다. 그 중 하나가 리더에게 보고할 때 입니다. 아래의 동일한 상황에서 광탈이와 열정이의 보고 방식을 살펴볼게요.

상 황

다른 부서의 자료를 취합하여 보고서를 작성해야 한다. 어제까지 기한을 주었으나, R&D 부서의 자료가 아직 오지 않아 보고서를 완성하지 못했다. 갑자기…… 팀장님이 묻는다.
"그때 말한 보고서 다 됐어?"

광탈: 팀장님, R&D부서에서 아직 자료가 안 와서 제가 그 부서에 전화했는데 일이 바쁘다고 해서 그래서 제가 급하니깐 빨리 보내라고 말했거든요.

팀장: 그래서! 했다는 거야, 못했다는 거야? 내일 오전 9시까지인데 할 수 있겠어?

광탈: (고개를 숙이며) 네.

열정: 팀장님, 마케팅전략 보고서를 아직 마무리 못했습니다. 하지만 내일 오전 9시까지는 완성해서 보고 드릴 수 있습니다. 원래는 오늘 오전까지 완성해서 오후에 검토하려고 했는데, R&D부서의 자료 취합이 안 돼서 계획보다 늦어졌습니다.

리더의 관점에서 누구의 대답이 좋을까요? 스토리텔링은 상대방에게 알리고자 하는 것을 설득력 있게 전달하는 행위이죠. 설득력이 있으려면 상대의 관점에서 생각해야 합니다. 그런데 광탈이의 대답은 본인의 관점에서 먼저 생각했죠. 왜냐하면, 보고서를 완성 못 한 이

유가 분명히 있고 본인 잘못이 아니라는 것을 말하고 싶었기 때문입니다. 하지만 리더의 입장은 그것을 알고 싶은 것이 아니라 기한까지 할 수 있는지가 궁금했던 것입니다. 특히 일은 단계가 있어요. 직원은 지시 받은 일을 마무리하면 끝나지만, 리더는 그 다음 일을 차례대로 진행해야 합니다. 따라서 한 단계라도 기한이 늦어지면 전체적인 단계에 영향을 미치는 것입니다. 그래서 열정이처럼 리더의 입장에서 궁금할 수 있는 내용, '결론부터 이야기'하고 '언제까지 완성할 수 있는지를 정확하게 이야기'하는 것이 좋죠.

"보고 스토리텔링은 상대가 원하는 정보를 먼저 알려주고, 이후 내가 말하려는 내용을 구체적으로 전달하여, 대안을 제시하는 것"
"보고의 순서: 결과 → 이유 → 과정 → 의견"

	에세이	자소서 스토리텔링	면접 스토리텔링	보고서 스토리텔링
무엇을	나의 생각과 느낌	나의 경험, 역량, 가치	나의 경험, 역량, 가치	직무관련 정보
어떻게	내가 원하는 방향으로 전달	채용담당자가 흥미를 느끼는 방향으로 전달	채용담당자가 흥미를 느끼는 방향으로 전달	상사가 원하는 방향으로 전달
목적	생각, 느낌 정리	설득	설득	정보 알림, 설득
방식	글	글	비대면, 면대면	비대면, 면대면

02

차별화된 제목 vs 차별화된 스토리

"같은 기업과 직무라면 인재상과 직무 역량이 같은데 차별화를 어떻게 해야 할지 모르겠어요."

광탈을 경험한 분들이 저에게 하는 하소연입니다. 자소서는 기업의 인재상을 녹여서 작성해야 합니다. 그래서 지원자들의 자소서를 보면 모두가 인재상에 맞추어 동일한 주장을 하고 있습니다. 예를 들어, A기업의 인재상이 협업과 소통을 잘하는 사람이라면 그 기업에 지원한 분들은 자신들의 장점 문항에 소통과 협업이라고 작성하는 경우가 많죠. 그리고 차별화를 주기 위해 고민을 하다가 제목을 멋있게 만들어요. 다음에 나오는 광탈이의 자소서를 보면서 차별성이 느껴지는지 살펴볼게요.

공동의 목표를 달성하기 위해 타인과 협업했던 경험을 쓰시오.

뭉쳐야 산다! 협업하여 성과를 이루다

대학에서 조별 과제를 하던 중 팀원 한 명이 과제에 열의를 보이지 않았습니다.

저는 조장으로써 모든 팀원을 포용하여 과제를 끝마쳐야 한다고 생각했습니다. 그래서 그 팀원이 쉬운 부분을 맡아 흥미를 느낄 수 있도록 하였고 지속적인 연락과 격려로 최대한 과제에 열의를 보일 수 있게 유도하였습니다. 이런 노력으로 그 팀원은 끝까지 맡은 과제를 해낼 수 있었고, 발표에도 참석하여 모두가 만족하는 결과를 얻을 수 있었습니다.

생각해보기

광탈이의 자소서에서 차별화가 느껴지나요?

여러분이 생각하는 차별화는 무엇인가요?

우리는 자소서를 작성하면서 제목에 신경을 쓰고 더 멋지게 작성하기 위해 사자성어, 속담 등을 찾아 적습니다. 하지만 채용담당자는 크게 신경 쓰지 않아요. 멋있게 작성했다고 '이 사람 누구야' 하고 다시 한번 이름을 보는 경우는 거의 없습니다. 어쩌면 바로 이해하기 어려워 인상을 찌푸리고 있을지도 모르죠. 망하는 자소서가 되는 이유는 제목, 사자성어, 전문용어로 차별화를 주려는 것입니다.

자소서에서 차별화는 무엇일까요?

우리는 차별화를 오해하고 있어요. 열정이의 자소서를 보면서 차별화가 무엇인지 정리해 볼게요.

공동의 목표를 달성하기 위해 타인과 협업했던 경험을 쓰시오.

협업이란 공동의 목표를 위해 모두가 책임 의식을 갖고 협력하는 것이라고 생각합니다.
대학교 4학년 때 와이파이를 통한 웹 스트리밍 기반의 졸업작품을 제작하기 위해 팀원들과 협업했습니다. 발표를 며칠 앞두고 A의 와이파이 센서가 고장 났습니다. A 카메라 웹 스트리밍 구현을 담당한 팀원은 혼자 해결 방안을 찾겠다고 말했으나 문제 발생은 담당 팀원뿐만 아니라 모두의 책임이라고 느꼈기 때문에, 함께 해결방안을 찾는 것이 시간을 절약할 방법이라고 생각했습니다. 그래서 우리는 지식을 모아 여러 가지 방법을 시도해 보았습니다. 잠시 오류로 작동하지 않는 것일 수 있다는 생각에 인터넷으로 검색한 해결방법을 모두 시도해보았지만, 소용이 없었습니다. 다음으로 랜선을 꽂아 인터넷에 연결하는 방법을 시도했습니다. 강의실에 있는 랜포트를 이용해 인터넷을 연결하려고 했으나, 학교는 보안 문제로 컴퓨터마다 IP를 하나씩 부여해서 사용하기 때문에 A에 따로 고정 IP를 할당할 수 없었습니다. 결국, 최종 발표 당일 제가 집으로 가서 A에 랜선을 꽂고 IP를 할당하여 인터넷에 연결되도록 했고, 교수님께 영상통화로 최종 시연을 보여드렸습니다. 그 결과 작품의 완성도, 팀워크에서 높은 점수를 받았고 A+라는 성과를 얻었습니다.

생각해보기

열정이의 자소서에서 광탈이와 다른 차별화가 느껴지나요?

그 이유는 무엇인가요?

광탈이와 열정이는 협업에 대해 작성했습니다. 협업이라는 역량은 같지만, 협업에 관한 생각은 각각 다르죠. 광탈이는 '협업은 공동의 목표를 달성하기 위해 모든 사람을 포용하여 이끌어가는 능력'이라고 생각했고, 열정이는 '공동의 목표를 달성하기 위해 모두가 책임 의식을 갖고 서로 협력하는 능력'이라고 생각했습니다. 협업이라는 역량은 같지만 각자 협업에 관한 생각이 다르므로, 기술했던 경험도 달랐습니다. 이것이 바로 차별화입니다. 사람은 누구나 협업에 대한 의지가 있어요. 하지만 성격이 다르고 살아온 환경이 다르기 때문에 협업에 대한 기준도 다르죠. 이런 각자의 생각들을 기업에서 원하는 것입니다.

차별화라고 해서 남들과 큰 차이가 있는 것이 아니라, 우리는 서로 다르기 때문에 각자의 색깔로 잘 표현하는 것이 차별화가 되는 것입니다. 그래서 차별화는 '나의 가치를 어떻게 잘 표현하고 전달할 수 있을까'를 생각하면 됩니다. 이 관점에서 광탈이와 열정이의 자소서를 다시 보면, 광탈이의 자소서는 끝까지 읽어야 그가 생각하는 협업에 대해 알 수 있어요. 하지만 열정이는 첫 문장에 자신의 생각을 정리해서 표현했어요. 읽자마자 그의 가치관을 느낄 수 있습니다. 채용담당자 입장에서 누구의 자소서가 이해하기 쉬운가요? 이렇게 열정이처럼 협업에 대해 자신의 생각을 정리하여 말하는 것을 *재해석이라고 합니다.

이렇게 재해석을 먼저 하면 상대에게 말하고자 하는 바를 정확하게 알려 상대의 이해를 돕습니다. 또한 자신도 주장에 맞는 근거를 쉽게 찾을 수 있고, 근거가 명확하여 설득력을 높일 수 있습니다.

"자소서 차별화는 자신의 가치를 잘 표현하는 것이다. 가치를 잘 표현하는 방법 중의 하나는 재해석이다."

용어 정리

재해석

재해석이란 원래의 뜻이 있지만 본인이 생각하는 관점으로 다시 정리하는 것이다.

남들과 다른 차별화를 보여주세요

우리는 흔히 리더에게는 리더십(leadership)을, 직원에게는 팔로워십(followership)을 강조합니다. 하지만 요즘 같이 변화가 심한 상황에서는 TF팀(Task Force : 어떤 과제를 성취하기 이해 필요한 전문가들로 구성되고 기한이 정해진 임시 조직)처럼 일에 따라 여러 부서 사람이 모여 일을 진행하는 경우도 많습니다. 이때 직위가 존재하지만 상황에 따라 리더가 팔로워가 되기도 하고 팔로워가 리더가 되어 팀을 이끌 수도 있죠. 이제는 리더십과 팔로워십을 정확하게 구별하기 보다 리더와 팔로워가 함께 조직의 성장을 이끌어가는 파트너십이 강조되고 있습니다.

특히 파트너십에서는 콜라보레이션(collaboration)을 중요하게 생각하죠. 콜라보레이션과 비슷한 단어인 코워크(co-work)가 있지만 두 단어는 분명한 차이가 있어요. 예를 들어, 자료를 주어야 하는 상황에서 코워크는 요구한 자료를 주는 것이라면, 콜라보레이션은 요구한 자료에 자신의 아이디어를 더해 건설적 제안도 함께 하는 것을 의미합니다. 이것을 다른 말로 '비판력'이라고도 하는데 비판력은 요즘 팔로워십에서 강조되는 요소입니다. 비판력은 자기 생각과 가치에 중심을 두고 더 좋은 방향이 있다면 대안을 제시하고 주도적으로 움직이는 것을 말해요.

이러한 비판력을 갖추기 위해서는 그 일에 대해 정확하게 이해하고 이해를 바탕으로 본인의 의견이나 생각이 있어야 합니다. 특히 조직에서 일을 할 때 이런 의견과 생각을 표현한다면 남들과 다른 차별화를 보여 줄 수 있어요. 차별화를 더해 주기 위해서 자신의 생각을 표현하는 스킬에 신경 써야 합니다. 이것을 이해하기 위해 광탈이와 열정이의 사례를 살펴볼게요.

상 황

팀장: 이번 신제품에는 고객의 아이디어를 담아 제품을 만들면 좋을 것 같은데 여러분 생각은 어떤가?

광탈: 고객의 아이디어로 제품을 만들려면 진행 과정이 오래 걸릴 것 같아요. 지금 저희에게 주어진 시간과는 맞지 않는 것 같습니다.

열정: 네. 고객의 아이디어를 담아 제품을 만들면 저희가 생각하는 것 보다 더 풍부한 아이디어가 나올 것 같고, 고객이 원하는 것이 무엇인지 정확하게 알 수 있어서 좋은 것 같습니다. 여기에 주어진 시간이 부족한 부분을 어떻게 해결할지 의논한다면 좋은 신제품이 나올 수 있을 것 같습니다.

광탈이와 열정이는 자신의 생각을 정확하게 표현했어요. 하지만 둘

의 표현법에는 큰 차이가 있습니다. 광탈이는 리더의 의견에 바로 단점을 이야기했습니다. 상대방의 의견에 바로 안 좋은 점을 이야기한다면 상대의 기분을 상하게 만들 수 있죠. 비판력은 자신의 생각을 이야기하는 것은 맞으나 감정을 상하게 하는 것은 아닙니다. 특히 대안 없는 반대는 이야기해도 큰 도움이 되지 않겠죠.

하지만 열정이는 똑같은 상황에서 리더의 의견에 장점을 이야기하고 아쉬웠던 부분인 시간 부족을 어떻게 해결할지 의논하자는 대안도 말했어요. 이렇게 자신의 생각을 표현할 때에는 상대의 의견에 긍정적 부분을 제시하고 표현하는 것이 좋습니다.

"비판력은 자신의 생각, 의견 등 가치관을 표현하는 것이며 이것을 잘 활용한다면 남들과 다른 차별화가 될 수 있다."

03

경험 종류 VS 해결 과정

"경험을 구체적으로 작성하라고 하는데 무엇을 더 구체적으로 작성해야 하는지 모르겠어요."

광탈을 경험한 분들이 저에게 하는 하소연입니다. 자소서 문항에서도 '경험을 구체적으로 작성하라'고 되어 있습니다. 자소서에서 경험은 주장에 근거가 되는 부분으로 아주 중요합니다. 중요한 만큼 구체적으로 작성해야 하는데 의외로 구체적으로 작성하는 것을 힘들어 하는 분들이 많습니다. 다음에 나오는 광탈이의 자소서를 보면서 구체성이 있는지 살펴볼게요.

장점을 작성 하시오.
저의 장점은 원활한 소통을 기본으로 한 리더십입니다. 대학교에서 학과 회장을 맡은 시절에 저희 과는 한 번도 외부에서 졸업 전시회를 한 적이 없었습니다. 하지만 저는 외부 전시회가 필요하다고 생각했습니다. 졸업생들과 학생들이 교류할 수 있고 후배들에게 이력으로 남을 수 있기 때문입니다. 그래서 외부 전시회를 계획하였습니다. 전시회가 성공적으로 마무리될 수 있었던 것은 방학 때도 교수님을 찾아 뵙고 전시회에 관한 얘기를 나누며, 전시회에 관한 계획과 진행 내용 등을 학생들과 꾸준한 소통을 통해 수정과 합의점을 찾아갔기 때문이라고 생각합니다. 이처럼 구성원들과의 소통과 그것을 바탕으로 한 도전정신은 귀사의 인재상에 걸맞을 것이라고 자부합니다.

생각해보기

광탈이의 자소서에서 구체성이 느껴지나요?

여러분이 생각하는 자소서의 구체성은 무엇인가요?

우리는 자소서를 작성하면서 많은 주장을 합니다. "저는 창의성을 갖춘 인재입니다. 저는 리더십이 있어 사람을 이끌 수 있는 인재입니다. 저는 전문성과 책임감이 있어 직무를 잘 해낼 수 있는 인재입니다." 하지만 그 주장에 따른 근거를 찾기 어려운 경우가 많습니다. 망하는 자소서가 되는 이유도 주장은 있지만 근거가 될만한 경험이 없기 때문입니다.

자소서에서 구체성은 무엇일까요?

우리는 구체성에 대해 오해하고 있어요. 자소서에서의 구체성은 경험의 구체성입니다. 열정이의 자소서를 보면서 경험의 구체성이 무엇인지 정리해 볼게요.

장점을 작성 하시오.
저의 장점은 소통을 기본으로 한 리더십입니다. 리더가 리더십을 잘 발휘하기 위해서는 소통 능력이 중요하다고 생각합니다. 대학교에서 학과 회장을 맡았습니다. 저희 과는 한 번도 외부에서 졸업전시회를 한 적이 없었습니다. 하지만 졸업 전시회는 필요하다고 생각했습니다. 왜냐하면 졸업생들과 학생들이 교류할 수 있고 우리 모두에게 좋은 이력으로 남을 수 있기 때문입니다. 그래서 졸업 전시회를 목표로 삼고 계획을 했습니다. 우선 졸업 전시회에 대한 의견을 학과 리더들과 소통하여 전시회 필요성에 대한 자료를 만들었습니다. 학과 교수님과 학생들에게 졸업전시회의 필요성을 알리기 위한 프레젠테이션을 했고 그 자리에서 의견을 듣고 투표했습니다. 대

부분 찬성했습니다. 그 후 원하는 방향을 정리한 후 다시 프레젠테이션을 하고 교수님과 학생들의 이견을 조율했습니다. 이런 회의를 지속한 결과 원하는 방향이 나왔고, 그 방향대로 진행과정에 대한 계획도 수립하게 되었습니다. 계획대로 진행하면서 끊임없이 소통하였고 다른 과의 전시회의 장단점을 분석하여 그들의 장점을 우리 전시회에 접목해 업그레이드하였습니다. 이렇게 함께 노력한 결과 졸업전시회가 모두의 만족으로 성공적으로 마무리되었습니다. 저는 리더십은 소통이 기본이라고 생각합니다. 아무리 좋은 의견이라도 그 의견을 누가 지지해 주지 않는다면 이루어질 수 없다고 생각합니다. 이 경험을 통해 소통의 중요성을 다시 한번 느끼게 되었습니다.

생각해보기

열정이의 경험에서 구체성이 느껴지나요?

그 이유는 무엇인가요?

열정이의 경험을 보면 졸업 전시회를 추진하는 과정이 상세히 나왔고, 그 속에서 소통이 기반이라는 것을 분명히 보여주고 있어요. 우리는 자소서를 작성할 때 자신의 핵심 문장이 있고 이것의 근거로 경험을 이야기합니다. 경험을 통해 무슨 경험을 했는지, 그 경험 속에서 사건(문제)이 무엇인지 알 수 있죠. 열정이의 경우 학과 회장이 되었고 학과에서 졸업전시회를 한 번도 한 적이 없는 것이 문제였습니다. 이 문제를 해결하는 과정이 나오게 되는데 여기가 경험에서 중요한 부분입니다. 기업은 무슨 경험을 했는지 보려는 것이 아니라 문제나 어려움을 '어떻게 해결하고 있는지 과정을 확인'하고 그 속에서 그 사람의 역량을 보고 싶은 것입니다.

그런데 좋은 경험을 찾아 놓고 해결 과정을 보여주지 않는다면 그 경험은 빛을 잃어버리죠. 예를 들어, '패밀리 레스토랑에서 서빙으로 8개월간 일했습니다. 보통 5시간 넘게 서 있는 업무로 힘들지만, 고객들에게 항상 웃으며 친절하게 도움을 드려 점장님께 인정받은 경험이 있습니다.' 이 문장에서 중요한 것은 '8개월간 일한 것'이 아니라 '고객에게 친절한 도움을 드리는 것'입니다. 이 점을 점장님께 인정받았다는 것인데 구체적인 도움 내용이 언급되지 않았어요. 이 문장은 경험을 나열한 것이지 그 경험 속에서 가치관과 역량을 표현한 것은 아니에요. 그러니 이런 나열식 경험은 그 가치가 사라지게 됩니다.

"자소서 작성의 구체화는 '경험을 나열하는 것'이 아니라 하나의 경험을 작성하더라도 그 '과정을 구체적으로 보여주는 것'이다."

질문을 구체적으로 해보세요

'수준 있는 질문을 하는 사람을 높게 평가한다.' 여기서 질문을 잘 한다는 것은 회사생활 꿀팁 ②(p. 28-30 참조)에서 말한 비판력과 이어집니다. 비판력을 잘 갖추기 위해서는 그 일에 대해 정확한 이해가 있어야 하고 이해를 바탕으로 본인의 생각과 의견이 있어야 하죠. 이해와 생각이 결합되면 스스로 궁금한 점도 많아지게 되어 질문이 자연스럽게 나오게 됩니다. 특히 아는 만큼 질문도 구체적일 수밖에 없습니다. 아래의 사례는 외국계 회사를 다니는 열정이와 친구의 대화입니다.

친구: 코로나19 이후 우리회사는 화상회의가 너무 많아졌어.

열정: 우리 회사는 코로나19 이전에도 화상회의가 많았어.

친구: 그래~ 왜 많은 거야?

열정: 외국계 회사다 보니 한국 직원들을 제외하고는 다른 나라에 직원들이 많고 직원들의 상사가 한국에 있는 경우도 있지만, 외국에 있는 경우도 많거든. 그래서 보고 회의가 많아.

친구: 그렇겠구나.

열정: 그래도 나는 다행이야. 상사가 한국인이고 같은 회사에 있

어서 평소에 열심히 하는 모습을 보여줄 수 있거든.

열정: 그런데 상사가 외국에 있는 경우는 평소에 열심히 하는 것을 보여줄 수 없어서 회의 시간에 보여줘야 하거든.

친구: 회의 시간에 그것을 어떻게 보여줄 수 있어?

열정: PT 준비나 발표로도 보여줄 수 있지만 수준 있는 질문을 잘 하면 상사에게 좋은 이미지를 줄 수 있어.

친구: 정말?

열정: 회의 때 궁금한 사항을 질문하라고 하거든, 그때 질문을 잘 하면 일을 열심히 하고 있음을 보여줄 수 있어. 왜냐하면 일에 관심이 있는 사람들은 질문도 핵심을 파악하는 구체적인 질문을 하지만 그 반대인 경우는 그냥 때우기식의 막연한 질문을 하거든.

이처럼 구체성은 질문에서도 중요합니다. 구체적인 질문은 자신이 얼마나 일을 열심히 하는지에 대해 어필(appeal)도 할 수 있으며, 자신이 원하는 것을 정확히 얻을 수 있어요. 이와 관련하여 광탈이의 잘못된 사례를 살펴볼게요.

상 황

팀장: 이 자료 잘 만들 수 있겠어?
광탈: 네.(시간 경과) 말씀하신 자료 여기 있습니다.
팀장: 내가 말한 것은 이게 아니잖아. 내 말을 이해 못 한 거야.
광탈: (고개를 숙이며) 다시 하겠습니다.

지금 사례는 실제로 조직에서도 많이 일어납니다. 서로 대화를 하고 있지만, 구체성이 전혀 없죠. 리더의 막연한 지시에 광탈이도 막연하게 대답을 하고, 결국 다시 해야 하는 상황을 겪게 되죠. 이때 열정이라면 질문을 했을 거예요. 예를 들어 "팀장님, 말씀하신 것이 5월 8일 진행된 미팅 결과 보고가 맞을까요? 혹시 보고서에 미팅 시 나왔던 제안 내용과 협의 내용을 작성하면 될까요?"라고 말이죠.

리더가 막연한 지시를 해도 구체적인 질문을 하면 원하는 것을 얻을 수 있어요. 구체적인 질문은 정확도를 높이기 위한 작업입니다. 하지만 생각해보지도 않고 계속 질문하는 것은 상대를 귀찮게 만들 수도 있죠. 질문을 할 때에도 상황을 고려하는 센스가 필요해요. 만약 그 자리에서 질문하기 어려운 상황이라면 어느 정도 초안을 작성하고 중간보고로 방향을 잡아도 됩니다.

"조직에서 질문은 소통의 중요한 요소이다. 구체적인 질문을 통해 자신의 능력을 어필할 수 있고 상사의 막연한 지시에 방향성을 잡을 수 있다."

04

결과 VS 성과

"성과를 창출했던 경험을 작성하는 경우가 많은데
성과를 어떻게 작성해야 할지 모르겠어요."

광탈을 경험한 분들이 저에게 하는 하소연입니다. 학교와 기업의 가장 큰 차이는 학교는 배움을 얻고자 하는 곳이라면 기업은 받은 임금만큼, 또는 그 이상의 성과를 보여주는 곳이죠. 그래서 열심히 배우고 최선을 다하는 것도 중요하지만 그만큼 성과도 있어야 합니다. 이런 기업의 입장에서 지원자가 성과에 대한 인식이 있는지, 즉 성과 지향적 사고를 하고 있는지 파악하는 것은 중요한 일이죠.

다음에 나오는 광탈이의 자소서를 보면서 성과를 잘 표현했는지 살펴볼게요.

성과를 창출했던 경험을 작성하시오.
대학교 3학년 때 OO 공사에서 진행하는 OO 대외활동을 했습니다. 이 대외활동에서 저는 기획을 담당했습니다. 가장 최근에 수행했던 기획은 풍력발전 국제회의를 유치하는 임무였습니다. 이 임무를 수행하면서 가장 중점을 두었던 것은 기존에 있던 풍력 회의를 참고하는 것이었습니다. 이런 풍력 회의가 예전부터 있었던 회의라는 것을 알지 못했습니다. 그러나 저희 팀은 정보를 수집하는 과정에서 풍력발전 회의가 가상의 주제가 아닌 실제 20년 가까이 진행되고 있는 회의라는 것을 알게 되었습니다. 이를 바탕으로 기획을 준비하여 다른 팀보다 더욱 신뢰성 있고 다른 사람들의 이목을 끌어내는 성과를 얻었습니다. 이 성과는 최우수 조로 뽑히는 데 많은 도움을 줬습니다.

생각해보기

광탈이의 자소서는 성과가 잘 표현되었나요?

여러분이 생각하는 성과적 표현은 무엇일까요?

우리는 자소서를 작성하면서 대상, 최우수상 등 성과

가 잘 나온 경험을 찾죠. 어렵게 노력해서 좋은 성과를 냈는데 이것만을 언급하고 마무리합니다. 망하는 자소서가 되는 이유는 '대상 받은 것'만 작성하면 성과가 끝났다고 생각하는 것입니다. '대상'은 결과를 제시하는 것이지, 자소서에서 기대하는 '성과적 표현'이 아닙니다.

자소서에서 성과는 무엇일까요?

우리는 성과를 오해하고 있어요. 열정이의 자소서를 보면서 성과가 무엇인지 정리해 볼게요.

성과를 창출했던 경험을 작성하시오.
대학교 3학년 때 OO 공사에서 진행하는 OO 대외활동을 했습니다. 이 대외활동에서 저는 기획을 담당했고 가장 최근에 수행했던 기획은 풍력발전 국제회의를 유치하는 것이었습니다. 저희 팀은 기획에 앞서 목표를 세웠습니다. 현재 상황이 가상이지만 꼭 유치해야 한다는 것을 목표로 어떻게 하면 현재 상황을 잘 반영하여 사실적으로 기획을 할 수 있을까에 초점을 맞추었습니다. 그래서 먼저 비슷한 국제회의가 있었는지 조사하던 중 이미 풍력발전 회의가 20년 가까이 진행되고 있는 회의라는 것을 알게 되었습니다. 그래서 저희는 기존 회의를 참고하여 그 당시의 현실성, 장단점을 파악할 수 있었습니다.

특히 장점은 더욱 부각하고 단점은 보완할 수 있는 아이디어에 초점을 맞추고 단점을 해결하는 과정으로 기획을 했습니다. 그 결과 다른 팀보다 실질적이며 문제점을 잘 알고 해결했다는 평가로 최우수 조로 뽑히게 되었습니다. 저희가 최우수 조라는 좋은 성과를 낼 수 있었던 것은 첫째는 '목표'였습니다. 목표를 세우니 기획의 방향이 정해져 빨리 팀원들과 힘을 모을 수 있었습니다. 둘째는 정해진 방향으로 조사를 깊게 하다 보니 다른 팀이 찾아내지 못한 정보를 찾을 수 있었습니다. 특히 다른 팀도 조사했지만 다양한 방면에서 하다 보니 시간이 오래 걸리고 큰 성과도 내지 못했습니다. 이 경험을 통해 무조건 열심히 하는 것보다 계획 있게 집중하여 열심히 하는 것이 더 좋은 성과를 낼 수 있다는 것을 느꼈습니다.

생각해보기

열정이의 자소서는 성과가 잘 표현 되었나요?
그 이유는 무엇인가요?

열정이와 광탈이의 사례에서 차이점을 찾았나요?

성과는 크게 *정량적 성과와 *정성적 성과가 있습니다. 정량적 성과는 자신이 한일에 대한 결과이며 객관적 근거입니다. 따라서 객관적 수치를 정확하게 작성하는 것이 좋아요. 예를 들어, '좋은 결과가 나왔다'라는 표현 보다는 '대상 받았다' 혹은 'A+ 학점을 받았다'와 같이 표현

용어 정리

정량적 성과

수치를 측정할 수 있는 객관적인 것으로 수상경력이나 학점을 말한다.

정성적 성과

수치를 측정하는 것이 불가능한 주관적인 것으로 경험 속에서 배운 점, 느낀 점을 말한다.

하는 것이 좋습니다. 그런데 학교에서 A+ 학점을 받았다고 해서 그 성과가 기업의 성과와 바로 연결되지는 않죠. 기업 입장에서는 과거의 성과 보다는 미래의 성과, 앞으로의 가능성이 더 중요한 요소입니다. 그 요소를 볼 수 있는 것이 바로 정성적 성과죠. 정성적 성과는 앞의 정의처럼 경험 속에서 배우고, 느낀 점을 말합니다.

따라서 자소서에서는 과거의 정량적 성과와 정성적 성과를 함께 보여주어야 합니다.

그런데 많은 분들이 고민하는 것이 있어요. 모든 경험은 좋은 결과만 있을 수 없죠. 1등이 있으면 꼴등이 있고, A+ 학점이 있다면 B, C 학점도 있겠죠. 그럼 정량적 성과가 안 좋은 경험은 사용할 수 없을까요? 앞에서 예시로 보여준 문항처럼 '성과 창출'을 직접적으로 묻는 문항이 아니라면, 그 경험 속에서 배우고 느낀 점이 많은 경험은 정성적 성과를 부각시켜 사용할 수 있습니다.

"자소서에서 성과는 정량적 성과와 정성적 성과를 말한다."

성과를 효과적으로 표현해보세요

7년 차 대리가 어느 날 이런 질문을 했습니다. "직장 생활을 잘하려면 어떻게 해야 할까요?" 다소 신입사원이 하는 질문과 같았지만 이렇게 질문하는 것에는 이유가 있었죠. 열심히 일했는데도 인사고과를 잘 받지 못해 승진을 못하는 사람이 있고, 적당히 일하는 것 같은데 인사고과를 잘 받는 사람도 있어서 성과가 도대체 무엇인지 모르겠다는 것입니다. 이런 궁금증은 회사생활을 하는 사람들이라면 누구나 있을 수 있습니다.

우리는 조직에서 성과가 중요하다는 것을 알고 있어요. 그래서 흔히 '자신의 직무를 성실하게 수행하면 성과가 난다'라고 이야기를 하죠. 하지만 문제는 '이 성과가 과연 조직이 원하는 것인가'라는 점입니다. 만약 자신이 만들어 낸 결과물이 조직이 원하는 것이 아니라면 결과물에 대한 평가는 자신의 기대와 다를 가능성이 높아요.

무조건 열심히 하는 것이 중요한 것이 아니라, 내가 만들어내야 할 성과가 무엇인지 정확히 알고 그것을 향해 열심히 하는 것이 중요하죠. 우리는 목표를 세울 때 수치 하나만 보는 경우가 많아요. 하지만 개인 목표는 조직 목표, 팀 목표에서 나오는 것입니다. 큰 그림을 정확히 알아야 그 목표를 이루기 위한 행동계획을 리더와 정확히 이야

기할 수 있습니다. 정확한 방향이 올바른 성과를 만들 수 있어요.

여기에 도전 의식도 중요합니다. 개인의 목표를 세울 때 작년에는 10억이였다면 올해도 10억으로 세우는 경우는 없어요. 항상 작년보다 더 높게 목표를 세웁니다. 이런 도전 의식을 회사는 좋아하죠. 그래서 자소서 문항에 '더 높은 목표를 세우고…'라는 문장이 들어가는 것은 당연합니다. 또한 자소서에서 사용한 정량적 성과와 정성적 성과는 조직의 인사고과에서도 사용하는 말입니다. 직원을 평가할 때 정량적 성과와 정성적 성과로 이루어진다는 것입니다. 정량적 성과는 객관적이기 때문에 목표를 얼마나 달성했느냐에 따라 평가가 진행되죠. 정성적 성과는 리더의 주관적 요소로 직원이 평소에 얼마나 성실하게 열심히 일을 하는지에 따라 평가가 되죠. '평가에 주관적 요소가 들어가는 것이 맞을까?'라고 생각할 수도 있지만 객관적 성과만큼 주관적 평가도 중요합니다.

예를 들어, 영업 담당 직원인 광탈이와 열정이가 있습니다. 광탈이는 평소에 지각도 많이 하고, 기한을 지키지 않는 등 성실하지 않는 태도를 보입니다. 그런데 외부 경제 여건이 좋아서 판매 목표 그 이상을 달성했어요. 반면 열정이는 평소에 성실하고 책임감 있게 일하는데 외부 경제 여건이 좋지 않아서 판매 목표를 달성하지 못했어요. 정량적 요소만 평가된다면 대외적인 과정은 고려되지 않고 결과만 평가되므로 공정성의 문제가 있을 수 있겠죠. 따라서 정성적 성과로 평소의 모습 등 여러가지 상황을 고려하여 평가하게 됩니다. 예를 들

어 판매 직원 두 명이 목표를 동일하게 달성했다면 정성적 성과로 고과를 차등할 수도 있습니다.
이처럼 성과에 대한 기업 입장을 정확하게 아는 것이 중요합니다. 이것을 알아야 조직 생활에서 더욱 성과 지향적인 사람이 될 수 있기 때문입니다. 여기에 한가지를 더 추가하자면 성과 지향성을 가진 사람은 리더에게 보고할 때도 다릅니다. 광탈이와 열정이의 성과 보고를 살펴볼게요.

상사: 하반기 실적 어때?
광탈: 하반기 판매 실적은 아주 좋습니다. 이런 추세로 계속 간다면 판매액이 꽤 많이 높아질 것입니다.
열정: 하반기 판매 실적은 50억원으로 상반기 대비 20% 증가했습니다. 이런 상승세가 계속된다면 올해 연간 판매액이 작년대비 30% 향상 될 것으로 전망됩니다. 그 이유는 첫 번째 새로운 상품이 출시되고 두 번째 경쟁사……

광탈이와 열정이의 보고 중 누가 성과를 잘 표현했나요?
광탈이의 보고에서는 객관화시킬 자료가 없어요. '아주 좋습니다. 꽤 많이 높아질 것입니다'라는 추상적인 단어만을 표현하고 그것의 근거가 제시되지 않았어요. 하지만 열정이는 구체적인 데이터를 말하였고 비교 기준을 제시하여 듣는 이에게 차이가 있음을 분명하게 인

식시켰어요. 이처럼 보고 할 때에도 성과 지향적 요소를 확실하게 보여주어야 합니다.

"성과는 기업에서 가장 중요한 요소로 자소서, 면접, 회사생활에까지 영향을 미친다."
"자소서와 같이 조직에서도 정량적 성과만큼 정성적 성과도 중요하다."

05

잘 하려다 실수 vs 기본에 충실

"저는 자소서를 잘 작성했는데 왜 떨어지는지 모르겠어요."

광탈을 경험한 분들이 저에게 하는 하소연입니다. 채용담당자들이 자소서를 보자마자 하는 작업은 기본이 안 된 자소서를 탈락시키는 것입니다. 이렇게 탈락한 지원자들은 본인이 떨어진 이유를 알 수 없죠. 자소서를 아무리 봐도 무엇 때문에 떨어졌는지 알 수 없어 답답함만 느끼게 됩니다. 다음에 나오는 광탈이의 자소서를 보면서, 광탈이가 B기업에서 왜 떨어졌는지 살펴볼게요.

광탈이는 B기업의 자소서를 작성하고 있다. 자소서 문항을 본 순간 지난번 떨어졌던 A기업 자소서가 생각났다. 거의 문항이 비슷한 생각이 들어 A기업 때 사용했던 내용을 바로 복사하여 B기업에 붙였다.

A기업

더 높은 목표를 세워 달성하는 과정에서 느꼈던 한계는 무엇이고, 이를 극복하기 위해 기울였던 노력과 결과를 구체적인 사례를 바탕으로 말씀해 주세요.

졸업작품으로 OO 프로젝트를 진행했습니다. OO 프로젝트를 잘 하기 위해서는 학교에서 배웠던 것만으로는 부족한 점이 많았습니다. 그래서 스스로 책과 인터넷을 찾아보며 프로젝트를 진행하였습니다. 특히 O과 O을 하면서 시스템을 안정화했습니다. 누군가의 가르침으로 받은 것이 아닌, 스스로 혼자 공부하고 탐색하여 성공적인 결과물을 만들어냈다는 점에 큰 성취감을 느꼈습니다.

B기업

본인이 내세울 만한 목표 또는 과업을 성취한 사례와 그 과정에서 어떻게 노력하였는지를 구체적으로 기술하시오.

졸업작품으로 OO프로젝트를 진행했습니다. OO 프로젝트를 잘 하기 위해서는 학교에서 배웠던 것만으로는 부족한 점이 많았습니다. 그래서 스스로 책과 인터넷을 찾아보며 프로젝트를 진행하였습니다. 특히 O과 O을 하면서 시스템을 안정화했습니다. 누군가의 가르침으로 받은 것이 아닌, 스스로 혼자 공부하고 탐색하여 성공적인 결과물을 만들어냈다는 점에 큰 성취감을 느꼈습니다.

생각해보기

B 기업의 자소서 문항과 답변 내용이 잘 맞나요?
여러분이 생각하는 자소서의 기본은 무엇인가요?

B기업 채용담당자라면 '복사해서 붙였구나'를 바로 알 수 있을 거예요. '문항이 비슷한데 복사해서 붙이면 어때'라고 생각할 수 있지만, 기업은 작은 것을 충실히 지키는 것이 기본이라고 생각하며 작은 일에 소홀하면 결국 큰일까지 망칠 수 있다고 생각합니다. 망하는 자소서가 되는 이유는 기업에서 중요하게 생각하는 '기본'의 중요성을 몰라서 발생합니다.

자소서에서 기본이 무엇일까요?

우리는 기본을 오해하고 있어요. 열정이의 자소서를 보면서 기본이 무엇인지 정리해 볼게요.

열정이는 A, B 기업의 자소서를 동시에 작성하고 있다. 두 기업 모두 같은 경험이 사용되지만, 문항에 맞게 경험을 스토리텔링하여 작성했다.

A기업

더 높은 목표를 세워 달성하는 과정에서 느꼈던 한계는 무엇이고, 이를 극복하기 위해 기울였던 노력과 결과를 구체적인 사례를 바탕으로 말씀해 주세요.

졸업작품으로 OO 프로젝트를 진행했습니다. OO 프로젝트를 더 완성도를 높이기 위해 학교에서 배우지 않은 O을 추가하여 완성하기로 목표를 세웠습니다. 배운 것만으로 프로젝트를 하는 것도 힘든데, 배우지 않은 O을 추가하는 것은 저에게 큰 도전이었습니다. 우선 제가 아는 부분을 다 진행한 후 O를 추가하기 위해 알아야 하는 부분을 인터넷과 책을 찾아 공부했습니다. 그런데 혼자 공부하여 이해하는 데 한계가 있었습니다. 포기하고 다른 친구들과 똑같이 할까 라는 생각도 들었지만 목표한 것을 이루고 싶은 생각에 선배 중에 O에 대해 잘 아는 분이 있는지 찾아보았습니다. 그런데 다행히 도와준다는 분을 만날 수 있었고, 제가 이해하지 못한 부분을 잘 알려주었습니다. 그래서 프로젝트를 품질 높게 안정화시킬 수 있었습니다. 이 과정을 통해 높은 목표가 사람을 더 성장시킬 수 있다는 것을 느꼈고, 한계도 노력하면 해결될 수 있다는 것을 느꼈습니다.

B기업

본인이 내세울 만한 목표 또는 과업을 성취한 사례와 그 과정에서 어떻게 노력하였는지를 구체적으로 기술하시오.

졸업작품으로 OO 프로젝트를 진행했습니다. 저의 목표는 OO 프로젝트를 실제 상황에서도 적용할 수 있게 만드는 것이었습니다. 이런 목표를 이루기 위해서는 배우지 않은 O를 추가해야 했습니다. 우선 제가 아는 부분을 다 진행한 후 O를 추가하기 위해 알아야 하는 부분을 인터넷과 책을 찾아 공부했습니다. 하지만 배우지 않은 과목이라 혼자 공부하는데 어려움이 있었습니다. 그래서 선배 중에 O에 대해 잘 아는 분이 있는지 찾아보았습니다. 다행히 아는 분을 만났고 그분께 목표를 말씀드렸더니 잘 이룰 수 있게 도와주고 싶다며 적극적으로 저에게 알려주시고 도움을 주셨습니다. 그래서 실제 상황에서도 적용할 수 있는 프로젝트를 완성할 수 있게 되었습니다. 이 과정을 통해 목표가 있어야 구체적인 성과를 얻을 수 있다는 것을 느꼈고, 구체적인 목표가 타인의 도움을 이끄는데 큰 영향을 미친다는 것을 알게 되었습니다.

광탈이와 열정이처럼 하나의 경험을 각 기업 자소서에 적용하여 쓰는 것은 당연한 일입니다. 하지만 같은 경험을 작성하더라도 그 문항에 맞게 수정해야 합니다. 문항이 비슷해 보이지만 약간씩 다르죠. A기업은 더 높은 목표와 한계 '극복'에 초점이 맞춰져 있고 B기업은 목표를 성취하는 '노력'에 초점이 맞춰졌죠. 이 구조에 맞게 내용을 수정하고 느낀 점도 바꿔야 합니다. 그런데 우리는 광탈이처럼 같은 문항이라고 취급하고 A기업에 작성했던 것을 'Ctrl+C, Ctrl+V' 합니다. 작성하는 사람들은 모를 거라 생각하겠지만 읽는 사람들은 바로 알 수 있습니다. 자소서에 기본을 지킨다는 것은 복사하기와 붙여넣기가 아닌 문항마다 맞는 내용을 성의 있게 작성하는 것입니다.

얼마 전 인사담당자들에게 인터뷰했습니다. "자소서에서 가장 많이 보는 것이 무엇입니까?"라는 질문에 모두 한결같이 공통으로 말하는 것이 있습니다. 바로 '글자나 정보'를 틀리게 작성하는 것입니다. 예를 들어 '일찍'을 '일직'으로 '맡은'을 '마튼'으로 작성하는 등 오타인 경우, 기업의 정보를 작성한다고 '2022년 매출액 100억'이라고 작성했는데 연도 또는 매출액이 틀리는 경우, 사자성어나 단어가 내용에 맞지 않는 경우, 가장 큰 문제는 회사명을 틀리는 경우입니다. 실제로 10건 중 2건은 이런 실수를 한다고 합니다. '이런 일이 있을까? 말도 안 돼'라고 하겠지만 너무 급하게 여러 개를 작성하다 보면, 혹은 공기업의 경우 비슷한 이름이 많기 때문에 나도 모르게 실수하는 경우가 있어요. 이것은 정말 큰 실수이기 때문에 아무리 내용을 잘 작성해도 바로 탈락할 수 있습니다.

이렇게 기업에서 기본을 중요하게 생각하는 이유는 기본을 보면 그 사람이 평소에 일하는 스타일을 파악할 수 있기 때문이죠. 예를 들어, 사진 파일을 저장할 때 파일명을 정확하게 '인사팀 지원자 오열정'이라고 저장하는 사람이 있고, '그림1'로 저장하는 사람이 있어요. 그림1로 저장하는 사람들은 이 부분을 크게 신경 쓰지 않기 때문에 다른 문서 저장에서도 그냥 1, 2로 작성하여 나중에 문서를 찾는 데 어려움이 있어 두 번 작업을 할 수 있죠. 사소해 보이지만 이런 일들이 업무의 효율성을 높여주며 실수하는 것을 막아줍니다. 이처럼 자소서에서 말하는 기본은 대단한 것이 아니에요. 지금처럼 아주 사소하지만, 주의를 기울이지 않으면 놓치기 쉬운 것들입니다.

"기본이 안된 자소서란 문항을 고려하지 않고 'Ctrl+C, Ctrl+V'를 하여 질문과 내용이 맞지 않는 것이다. 오타가 있고, 회사명과 정보를 틀리게 작성하는 것이고, 사자성어나 전문용어가 내용과 맞지 않는 것이다."

회사생활 꿀팁 ⑤

기본에 신경 써주세요

데일 카네기는 강의를 해야 한다는 생각에 부담감을 느꼈습니다. 고민하던 순간 좋은 아이디어가 떠올랐죠. '자신이 말하기보다는 교육생분들이 말하면 좋지 않을까?' 그의 아이디어는 적중했습니다. 한 분씩 자신에 관해 이야기를 하자 어색하고 어울리지 못했던 분들이 서로 집중하고, 마음을 열고, 공감대를 형성하는 것이었습니다. 이 일을 통해 카네기는 다른 사람들의 일에 관심을 기울이고 좋은 관계 속에서 '호감'을 키우는 것이 중요하다는 것을 배웠습니다. 그는 이후 최초로 인간관계론 강좌를 개설하고 세계 최고의 자기 계발 전문가가 되었습니다.

조직 생활에 있어 인간관계는 중요합니다. 데일 카네기가 말했던 것처럼 좋은 관계의 핵심은 호감이죠. 호감을 친절로만 생각하는 경우도 많지만, 호감은 친절과 함께 존중, 배려, 관심의 요소도 포함되어 있습니다. 이것이 조직에서 말하는 기본입니다. 조직에서 기본이 왜 중요한지 리더들이 저에게 하소연한 이야기를 들어볼까요.

상황

"강사님, 신입사원들에게 제발 전화 좀 받으라고 이야기해주세요."
부서에 직원들이 다 외근을 나가고 광탈이만 앉아 있다. 열심히 일하고 있는데 옆자리에서 전화벨이 울린다. 광탈이는 내 전화가 아니기 때문에 받지 않았다.

요즘 기업에 가면 '자신의 전화만 받고 타인의 전화를 대신 받아주지 않는다'는 말을 많이 들어요. 자신의 전화만 받는 것이 당연할 수 있지만, 조직에서 내 일만 할 수는 없죠. 혹시 이것이 이해가 안 된다면 역지사지(易地思之)의 마음으로 생각해 보면 어떨까요? 내가 외근 중 사무실로 중요한 전화가 왔는데 팀원이 있으면서도 받지 않았어요. 그 전화를 받지 않아서 문제가 크게 발생했다면 나의 기분은 어떨까요? 타인이 없을 때 타인의 전화를 받아주고 메모해 주는 것도 조직과 팀원을 위한 배려입니다.

상황

"외근 후 바로 퇴근할 때는 직접 전화를 해서 보고해야 하는 거 아닙니까? 문자로 '퇴근하겠습니다'라고 보내요."
광탈이는 외근을 나갔다. 일을 하고 나와 시간을 보니 5시 30분이다. 어차피 회사로 돌아갈 수 없는 시간이기 때문에 여기서 퇴근하는 것이 효율적이다. 곧 리더에게 메시지를 보냈다.

내가 리더가 되었을 때 출장 갔던 곳의 내용이 궁금하여 직원의 전화를 기다리고 있는데, 퇴근하겠다는 말만 문자로 받으면 기분이 어떨까요?

외근을 나갔을 때도 리더에게 간단한 보고는 필요하죠. 지금처럼 바로 퇴근해야 하는 상황이라면 더욱이 간단한 보고와 퇴근 여부를 위해서라도 보고해야 합니다. 보고의 방법에는 전화나 메시지가 있는데 이런 상황에서는 전화가 더 좋겠죠. 조직에서는 나의 편함보다 중요도, 상황에 따라 행동하는 것이 상대에 대한 배려입니다. 또한, 대화하거나 보고서를 작성할 때 줄임 말을 쓰는 경우가 많은데 줄임 말이 우리에게는 익숙하지만, 상대는 모르는 경우가 많습니다. 줄임 말을 쓰지 말고 정확하게 말하는 것도 상대에 대한 배려입니다.

상 황

"대표님 강의 때 앞에 앉은 신입사원이 핸드폰만 보고 있네요."

광탈이는 신입사원 교육을 받고 있다. 드디어 마지막 시간, 대표님의 강의다. 잘 듣기 위해 맨 앞에 앉았고 대표님의 말씀 중 이해가 안 되는 단어를 핸드폰으로 찾고 있다.

만약 내가 앞에서 이야기하는데 듣는 사람들이 핸드폰만 보고 있다면 기분이 어떨까요? 나는 그런 의도가 아니었다고 말하고 싶겠지만

상대는 그 상황까지 알 수는 없습니다. 사람의 보디랭귀지는 말보다 더 강력한 메시지를 전달하기 때문에, 의도와는 다르게 보이는 모습만으로 상대는 오해할 수 있습니다. 특히 신입 때는 말을 많이 하기보다는 듣는 경우가 많아요. 들을 때에도 '당신의 이야기를 잘 듣고 있습니다'라는 모습을 보여주는 자세가 필요해요. 고개를 끄덕이는 것, 눈을 바라보는 것, 상대에게 기울여 앉는 것, 호응어(아~네~)를 하는 것, 질문하는 것, 상대의 말을 메모하는 것 등 듣는 자세로도 마음이 표현됩니다.

"인간관계에서도 기본이 필요하다. 그 기본은 상대에 대한 배려, 관심, 존중이다."

자소서 진단하기

※ 양식은 '부록: 자소서노트 1.1 자소서진단표'에 있습니다.

① 기존에 자소서가 있는 분들을 1번부터 10번까지 읽고 해당내용에 대해 O, X로 체크해보세요. 만약 X가 많다면 챕터 2부터 충실히 읽으며 자신의 자소서의 문제점을 보완해 보세요.

② 자소서가 없는 분들도 챕터1을 정확히 이해하고 챕터2부터 충실히 읽으며 자신만의 차별화된 자소서를 작성해보세요.

자소서 준비를 해본 적 있나요?

챕터2는 여러분이 자소서를 작성하기 전에 필요한 준비사항을 소개하고 있습니다. 유명한 맛집에 가보면 그 음식이 손님에게 나오기까지 많은 과정을 거치죠. 특히 요리하는 시간보다 요리를 준비하는 시간이 더 길고 힘들다고 이야기합니다. 하지만 그 과정이 있기에 그 요리는 더욱 빛나고 맛있으며 손님에게 감동을 줄 수 있죠.

자소서도 마찬가지입니다. 좋은 자소서가 나오려면 좋은 재료를 준비하는 과정이 필요합니다. 이 과정이 작성하는 시간보다 길고 더 힘들 수 있어요. 하지만 힘든 만큼 완성도가 높은 자소서를 작성할 수 있습니다.

또한 지금의 준비는 면접까지 계속 사용할 수 있고 취업 후에도 타 기업을 분석해야 할 때, 아이디어를 도출해야 할 때, 직무역량을 키워 경력개발을 할 때에도 도움이 될 수 있어요.

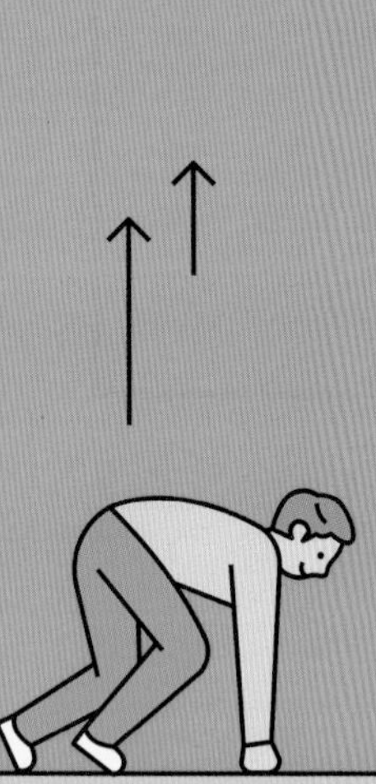

CHAPTER 02

흥하는 자소서는 준비과정이 있다

01

목표를 정하고 시간을 관리하기

원하는 기업이 있나요?

여러분은 원하는 기업이 있나요? 만약 대답을 바로 못 했다면 아직 취업 준비가 안 되었다는 뜻입니다. 요즘 취업은 기업에 따라 원하는 방향이 달라서 기업을 정해 놓지 않으면 구체적인 준비가 어려워요. 특히 원하는 기업을 정한다는 것은 목표가 생기는 것이고, 그 목표는 취업 준비에 도움을 줍니다. 그럼 목표가 취업에 어떻게 도움을 줄까요?

목표가 있으면 관심이 생깁니다. 저는 기업 교육을 15년 이상 하면서 한 번도 책을 쓴다고 생각하지 않았어요.

누군가가 책을 쓴다고 해도 그 말이 들리지 않았죠. "지금까지 강의한 것을 책으로 써봐라"는 권유에도 관심이 없었어요. 하지만 '책을 써야겠다'라는 목표가 생긴 순간부터 모든 것이 달라졌습니다. 누군가와 대화할 때도 책과 관련된 아이디어가 떠올랐어요. 서점에 가서도 베스트셀러 코너에는 어떤 책이 있는지, 요즘 책들은 표지를 어떻게 하는지, 제목은 어떤지 등에 관심이 생겼죠. 책을 잘 쓰기 위해 유튜브(YouTube)도 보게 되고, 책을 많이 쓴 저자들도 만나게 되었습니다. 이처럼 목표가 있으면 관심이 생깁니다.

우리는 취업에 대해 생각하지만 기업을 정하지 않는 경우가 많아요. 취업이 힘들기 때문에 직무만 맞는다면 어디든 지원해야 하기 때문이죠. 하지만 많은 기업에 지원하더라도 원하는 기업이 있어야 그 기업에 관심을 갖게 됩니다. 관심이 있으면 우연히 뉴스를 보게 되어도 기업의 이야기가 들리고 인터넷에서 검색을 하더라도 목표한 기업 뉴스를 먼저 찾게 되죠. 하물며 편의점에 가도 그 기업 상품이 보이게 되고 본인도 모르게 고객의 입장에서 분석하게 됩니다. 이런 열정이 모여 자료가 되고 이것이 자소서, 면접에 큰 힘이 됩니다.

"취업의 시작은 목표를 정하는 것이다."

목적 없이 다른 사람을 따라 하나요?

목표를 정할 때 이것을 '왜 하는지'에 대한 목적이 분명해야 합니다. 혹시 스프링복(springbok)이라는 동물을 들어봤나요? 스프링복은 아프리카의 초원에 사는 초식 동물로 독특하게 뛰는 자세 때문에 붙여진 이름입니다. 이들은 수백 마리의 대형 무리를 형성하고 있어요. 시속 94km나 될 만큼 치타조차 잡지 못하는 빠른 발을 가지고 있죠. 이런 스프링복이 집단 떼죽음을 당하는 사건이 발생했습니다. 아프리카의 과학자들은 이 사실을 밝혀내기 위해 그들의 습성을 연구했죠. 그 결과 놀라운 사실을 발견했어요.

그들은 선천적으로 식욕을 타고났죠. 무리를 지으며 풀을 먹는데, 뒤에서 풀을 먹던 스프링복이 앞선 스프링복보다 많이 먹기 위해 앞으로 달려나갔고 앞에 있는 스프링복은 자리를 빼앗기지 않기 위해 더 빨리 앞으로 달려나갔어요. 한 두 마리가 빨리 달리다 보니 덩달아 다른 스프링복도 빨리 달리게 되었고 결국 수백 마리가 목적을 상실한 채 전력을 다해 달리다가 절벽을 보지 못하고 집단 떼죽음을 당했던 것입니다. 그 이후 이유도 없이 다른 사람을 따라 하는 것을 *스프링복 현상이라고 합니다.

저도 스프링복 현상을 겪은 경험이 있습니다. 대학원 졸업 후 오랜만에 동기들을 만나 저녁 식사를 했죠. 식사하던 중 대학원을 다니면서 어떤 점이 좋았는지 한 사람씩 이야기를 했습니다. 제 차례가 되었을 때, 멋진 말을

용어 정리

스프링복 현상

이유 없이 다른 사람을 따라 하는 현상

하고 싶었지만 잘 떠오르지 않았어요. 빨리 말을 못 하고 있으니깐 동기 한 분이 "오 선생님은 어떤 목적을 가지고 대학원에 왔나요?"라고 물었어요. 하지만 저는 답을 하지 못했습니다. 헤어지고 나서도 그 질문은 머릿속에 계속 맴돌았죠.

'어떤 목적을 가지고 대학원에 왔을까?' 회사에 다닐 때 저를 제외한 타 부서 팀장들이 모두 석사였어요. 저는 그것이 부러웠고 자연스럽게 '대학원을 가야겠다'는 생각이 들었어요. 그러던 중 프리랜서로 기업 교육을 하면서 다른 강사들이 대학원을 가는 것을 보고 결심하게 되었어요. 이것이 대학원을 간 목적이었습니다. 만약 대학원을 가는 목적을 깊게 생각해봤다면 학교를 다니면서도 목적을 달성하기 위해 목표를 세웠을 거에요. 하지만 '다른 사람들이 가니까 나도 가야지'라는 생각만으로 다니다 보니 졸업 후 무엇을 얻었는지도 모르는 것이 너무 아쉬웠어요.

여러분도 취업에 대한 압박이 입학하는 순간부터 계속 따라다녔을 거예요. 하지만 불안한 마음에 친구가 하는 것을 목적없이 무조건 따라 하는 것은 의미가 없어요. 무언가를 하기 전에 이것을 왜 해야 하는지를 먼저 생각해야 합니다. 그래야 목표를 구체적으로 세울 수 있고 이것이 방향이 되어 내가 원하는 길로 갈 수 있기 때문입니다.

"목적이 분명해야 구체적인 목표를 세울수 있다."

시간이 부족해서 준비를 못 하고 있나요?

목표를 정한 다음에는 무엇이 필요할까요? 바로 시간 관리입니다. 우리는 취업 준비를 하면서 늘 시간에 쫓깁니다. 열심히 준비하고 싶었는데 시간이 진짜 없었다고 말하죠. 하지만 취업을 준비하는 우리도, 직장인들도 시간이 넉넉한 사람은 없어요. 모두 시간이 없다고 말합니다. 중요한 것은 어쩔 수 없는 상황만 쫓다 보면 답을 찾기 어렵다는 거예요. 내 상황에서 가능한 부분에 시간을 잘 관리하고 *효율성을 높인다면 시간이 부족한 상황에서도 충분히 준비할 수 있어요. 아래의 광탈이 사례를 보면서 시간 관리가 왜 안 되는지 생각해 볼게요.

> 광탈이는 머릿속이 복잡하다. 취업을 위해 직무 관련 자격증과 기업, 직무 정보를 찾아야 하는데 시간이 없다. 지금도 졸업작품을 준비하다가 아르바이트를 하러 갈 시간이 되었다. 아르바이트가 끝나고 늦은 밤 자격증 공부를 하기 위해 책상 앞에 앉으니 피곤과 졸음이 몰려온다. 이렇게 하루가 지나고 다음날, 똑같은 상황이 반복 되어 결국 오늘도 취업 준비를 못했다.

광탈이의 사례처럼 하루에 급한 일에 쫓기다 보면 정작 중요한 일을 놓치는 경우가 많아요. 그래서 시간관리를 잘 하려면 중요도와 긴급한 일 간에 우선순위를 정해야 합니다. 이것을 *시간관리 매트릭스라고 하죠. 시간관

용어 정리

효율성
최소한의 투입으로 기대하는 결과를 얻는 것

시간관리 매트릭스
긴급성과 중요도에 따라 4개의 카테고리로 분류하고, 중요하고 급한 일, 중요하지만 급하지 않은 일, 중요하지 않지만 급한 일, 중요하지도 급하지도 않은 일로 나누어 우선순위를 찾는 방법

리 매트릭스는 미국의 34대 대통령인 '드와이트 아이젠하워(Dwight D. Eisenhower)가 시간관리를 하는데 실천했던 방법으로 알려졌습니다.

▶ 〈그림 2-1〉 시간관리 매트릭스

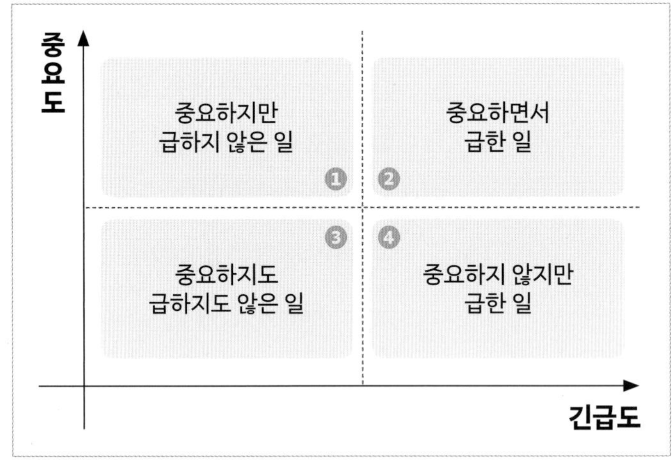

출처: 나가타 도요시(2011). 『시간 단축 기술』. 스펙트럼북스

'〈그림 2-1〉 시간관리 매트릭스'에서 여러분이라면 어떤 일을 먼저 할까요? 대부분 1번, 중요하지만 급하지 않은 일은 늘 급한 일에 밀려 못하는 경우가 많아요. 광탈이의 사례에서도 기업, 직무에 대한 정보는 중요하지만 시간적 여유가 있다 보니 늘 급한 일에 밀렸어요. 그래서 시간관리를 잘 하는 사람들은 중요하지만 급하지 않는 일을 쪼개어 합니다. 시간을 많이 투자하지 않더라도 하루에 조금씩 하는 것이죠. 그래서 2번, 중요하고 급한 일은 즉시 처리하고 1번, 중요하지만 급하지 않는 일은 나누어 합니다. 특히 중요하면서 급한 일은 금방 지나가는 일이

지만, 중요하면서 급하지 않는 일은 앞으로 일어날 일입니다. 나중에 그것이 쌓여 성과를 만들어 낼 수 있기 때문에 1번에 대한 시간적 투자는 꼭 필요합니다. 3번, 중요하지 않지만 급한 일은 축소하거나 타인에게 도움을 받고 4번, 중요하지도 급하지도 않은 일은 취소하거나 연기해야 시간관리를 잘 할 수 있습니다.

"시간관리를 통해 목표의 실행력을 높여보자."

반복되는 일에 시간을 투자하고 있나요?

시간관리를 잘 하기 위해서는 일에 우선순위를 정하는 것이 중요하다고 앞에서 언급했습니다. 우선순위 외에 다른 중요한 요소가 있을까요? 다음의 광탈이와 열정이의 사례를 보며 생각해볼게요.

광탈이는 밤을 세우며 자기소개서를 작성한다. 자소서 문항을 볼 때마다 한숨이 나온다. 질문도 너무 길고 그것에 맞는 경험을 찾기도 힘들며 갑자기 생각하려니 생각도 나지 않는다. 이렇게 경험을 찾는데 시간을 보내고 작성하는 시간이 부족하여 막판에 급하게 마무리 하여 보낸다.

열정이도 자기소개서를 작성한다. 우선 자소서 문항을

확인하고, 지난번에 정리해 놓은 경험표를 확인한다. 문항에 맞는 경험을 표에서 찾고 문항에 맞게 스토리텔링을 한 뒤 몇 번의 검토 후 보낸다.

광탈이와 열정이의 가장 큰 차이점은 무엇일까요?

자소서를 작성하는 데 꼭 필요한 것은 경험을 찾는 것입니다. 어떤 기업을 지원한다 해도 자신의 경험은 변하지 않아요. 열정이는 이것을 파악하고 자신의 경험을 미리 찾고 정리해 놓았어요. 그래서 자소서를 작성할 때마다 문항에 맞는 경험을 찾기 쉬웠고, 여기에 드는 시간을 아껴 자소서 작성에 시간을 투자했습니다. 그래서 몇 번씩 검토할 수 있는 여유도 있었죠. 반면 광탈이는 자소서를 작성할 때마다 경험을 찾는 데 시간이 많이 소요되고 결국 작성하는데 시간이 부족했고, 급하게 마무리하여 보냈습니다.

광탈이와 열정이의 가장 큰 차이점은 효율성에 있어요. 특히 요즘 자소서 문항은 기업마다 다르고 문항 자체가 복잡하고 어려워요. 기업이 원하는 것을 넣어서 작성하는 것만으로도 시간이 오래 걸립니다. 여기에 맞는 경험을 찾아야 하는데 급하면 경험들이 잘 생각나지 않아요. 그래서 경험을 찾고 정리하는 데도 시간이 오래 걸립니다. 여기서 중요한 것은 기업의 자소서 문항은 우리가 컨트롤 할 수 없다는 거예요. 하지만 나의 경험은 내가 컨트롤 할 수 있죠. 이렇게 반복되는 것을 정리하면 효율성이 높아져 적은 노력으로 좋은 결과를 얻을 수 있고 확보된 시간에 다른 일에 집중할 수 있습니다.

효과성은 무엇일까요?

- **효과성**(effectiveness): **목표 달성의 정도를 의미한다.**
- **효율성**(efficiency): **최소한의 투입으로 기대하는 결과를 얻는 것을 의미한다.**

예를 들어 '두 명의 친구가 한 달에 2kg 감량을 목표로 세웠어요. A는 대체로 굶고 음식 먹는 것을 피하기 위해 친구들도 안 만나며 헬스장에서 열심히 운동을 했습니다. 이렇게 노력한 결과로 목표에 성공했죠. B는 똑같이 헬스장에서 운동을 했어요. 하지만 그는 굶지 않고 단백질, 채소 등의 식단으로 바꾸고 운동 전후 시간조절을 잘 하며 음식을 먹었어요. 원하는 목표를 달성했고 그 후에 요요현상도 오지 않았습니다. A, B 모두 효과성이 좋아요. 효과성은 목표를 달성했는가를 보는 것입니다.

그런데 효율성 면에서 A보다 B가 더 좋죠. B는 A보다 굶어야 하는 고통이 덜했고 친구들도 만났고 요요현상도 잘 막을 수 있었어요. 효율성은 최소한의 노력으로(덜 힘들게) 원하는 목표를 얻는 것입니다. 효율성이 높아지면 적은 노력으로도 내가 원하는 성과를 이룰 수 있어요. 여기서 오해하면 안 되는 것은 효과성이 만족이 되어야 효율성이 의미가 있다는 것입니다. 목표를 달성하지 못했는데 효율성을 이야기하는 것은 의미가 없겠죠.

"시간관리는 일의 우선순위를 정하고 효율성을 높일 수 있는 방법을 찾는 것이다."

02

머릿속에 떠도는 경험을 디자인하기

경험 디자인이 왜 필요할까요?

자소서에 활용할 경험을 찾고 정리하는 것을 *경험 디자인(experience design)이라고 합니다. 경험 디자인이 왜 필요할까요? '자소서, 면접은 경험이다'라고 말할 정도로 취업에서 경험은 중요하죠. 하지만 자소서를 작성하거나 면접에서 질문할 때 경험이 잘 떠오르지 않아요. 마치 원하는 옷이 있는데 옷장에서 못 찾는 것처럼, 경험도 정리가 안 되면 찾기 어려워요. 챕터2.1에서 언급한 효율성 기억하시죠? 효율성은 최소한의 노력으로 원하는 것을 얻는 것입니다. 예를 들어 옷장에 옷을 종류별, 계절별로 정리하

용어 정리

경험 디자인
(experience design)

자소서에서 쓸 경험을 정리하는 것

면 원하는 옷을 빠르게 찾을 수 있어 옷을 찾는 데 소비하는 시간과 노력을 줄여 효율성을 높일 수 있다는 것이죠. 자소서도 이와 같아서 효율성을 높이려면 경험을 정리해야 합니다.

	경험을 정리한 사람	경험을 정리하지 못한 사람
자소서	경험 전체가 머릿속에 그려진다.	단발적으로 생각난다.
	요구에 맞는 경험을 쉽게 찾을 수있다.	요구에 맞는 경험을 찾는데 시간이 걸린다.
	경험 속에서의 역량을 쉽게 파악한다.	어떤 경험을 했는지만 생각한다.
	논리적으로 생각한다.	두서없이 생각한다.

경험 디자인을 어떻게 할까요?

경험 탐색하기

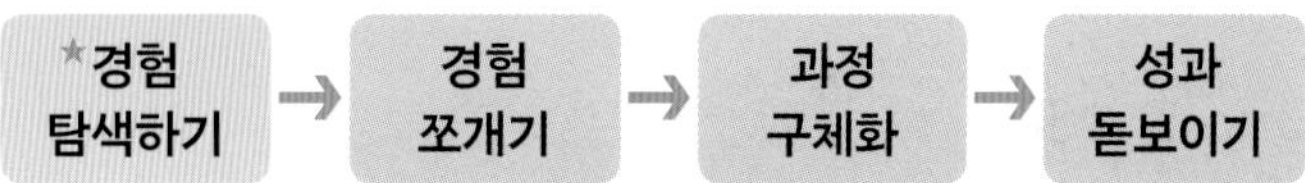

자소서에 쓸 만한 경험이 있나요? 여러분이 자소서 작성을 힘들고 어렵게 생각하는 이유는 '쓸 만한 경험'을 찾기 때문입니다. 여기서 '쓸 만하다'라고 말하는 것은 남들에게 내세우기 좋은 경험으로 예를 들어, 국토대장정, 세계 여행, 해외 봉사 등을 말해요. 하지만 자소서에서는 경험의 종류를 묻는 것이 아니에요. '해외까지 봉사를 하러 가다니 참 대단하구나'라고 생각하는 것이 아니라, 그 속

용어 정리

경험 탐색

자신의 경험을 찾는 것

에서 어떤 일이 있었고 그 일을 어떻게 해결했는지 과정을 보며 그 사람이 우리 기업, 직무에 맞는가를 판단하는 것입니다. 그래서 경험을 찾을 때는 내가 겪은 모든 경험(학교 과제, 친구들과의 여행, 부모님과의 여행, 동아리, 아르바이트 등)을 찾으면 됩니다. 아주 사소한 경험, 직무와 관련 없는 경험도 상관없습니다.

경험을 찾는 방법은 여러 가지가 있어요. 그중에 우리는 만다라트 기법을 활용할 거에요. *만다라트 기법은 아이디어를 다양하게 생각하는 데 도움을 주는 사고 기법이죠. 만다라트 기법이 우리나라에서 유명해진 계기는 일본의 투수 요타니 쇼헤이 선수가 고교 1학년 때 신입 선수를 선발하는 '8구단 드래프트에서 1순위를 목표로 만다라트를 만들었고, 2년 만에 일본 구단 뿐 아니라 메이저리그에서도 스카우트 제의를 받아 성공을 이루면서 더 유명해졌어요.

만다라트 기법

네이버 지식백과에 의하면 만다라트 기법은 일본의 마쓰무라 아스오(Matsumura Yasuo)가 개발한 사고 기법입니다. '활짝 핀 연꽃 모양으로 아이디어를 생각한다'하여 '연꽃 만개법'이라고도 불리며, 연꽃 기법에 사용하는 표가 불교의 만다라(mandala)와 유사한 형태이기 때문에 '만다라트(Mandal-Art) 기법'으로도 불립니다.

불교의 만다라

연꽃 기법=만다라트 기법

용어 정리

만다라트 기법
아이디어를 다양하게 생각하는 데 도움을 주는 사고 기법

'경험 탐색' 작성하기

※ 양식은 '부록: 자소서노트 2.1 경험탐색표'에 있습니다.

1

경험

2

아르바이트	동아리	직무관련 대외활동
봉사	경험	과제
리더	인턴	여행

3

4

대학교 1학년 0과목 ~과제	대학교 2학년 0과목 ~과제	대학교 3학년 0과목 ~과제
	과제	대학교 4학년 졸업작품

① 위 경험탐색표에 1처럼 노란색으로 표시된 중심 칸에 '경험'이라고 작성한다.

② 2처럼 경험 칸을 둘러싼 8개의 하늘색 칸에 경험 군을 작성한다. (예: 아르바이트, 동아리, 직무관련 대외활동, 봉사, 여행, 인턴, 리더, 과제) 경험 군에 대한 예시를 제시했지만 정확한 기준이 없으므로 자신의 경험에 맞게 작성하면 된다.

③ 3에서 파란색으로 표시된 8개의 중심 칸에 2에서 작성한 경험을 하나씩 작성한다.

④ 4의 중심 칸에 적힌 경험군을 보고 대학교, 고등학교, 중학교, 이전 경험 등을 떠올리며 작성한다(예: 중심 칸이 과제라면 언제, 무슨 과제를 했는지 작성한다).

경험탐색표를 다 채웠다면 여러분은 경험 부자입니다. 혹시 칸을 다

못 채웠다고 해도 상관없고, 모든 군의 개수를 맞출 필요도 없습니다. 내가 생각나는 만큼만 작성하면 됩니다. 이렇게 만다라트 기법으로 정리하면 나의 경험을 군별로 한눈에 볼 수 있어 경험을 찾고 정리하기도 쉬워요. 특히 자소서의 경험은 시기보다는 무엇을 했는지가 더 중요해요. 그래서 시기별로 정리하는 것보다 무엇을 했는지로 정리하면 상황에 맞게 잘 찾아 쓸 수 있게 됩니다. 우리는 경험을 찾기 위해 만다라트 기법을 활용했지만 만다라트 기법은 목표를 달성하기 위한 기법으로 취업을 목표로 두고 작성해 두면 더 큰 계획을 세울 수 있습니다

경험 쪼개기

경험군에 맞게 경험을 찾았다면 경험 쪼개기를 합니다. '경험 쪼개기'는 찾은 경험을 언제, 주제(대상), 상황을 상세히 분리하는 것을 말해요. 이것은 경험군을 찾는 것보다 더 중요한 작업이에요. 자소서에서 경험은 무엇을 했는지 보다 그 경험 속에서 어떤 상황이 있었는지가 더 중요하기 때문입니다. 앞에서 사소하고 직무에 관련 없는 경험까지 찾으라고 한 것도 이 이유 때문이에요.

용어 정리

경험 쪼개기

찾은 경험을 언제, 주제, 상황으로 상세히 분리하는 것

'경험 쪼개기' 작성하기

양식은 '부록: 자소서노트에서 2.2 경험디자인표'에 있습니다.

▶ 〈표 2-1〉 경험탐색표

대학교 1학년 0과목 ~과제	대학교 2학년 0과목 ~과제	대학교 3학년 0과목 ~과제
	과제	대학교 4학년 졸업작품

▶ 〈표 2-2〉 경험디자인표

경험군	언제	주제	상황	과정	정량적 성과	정성적 성과
과제	대학교 1학년	전공 수업 과제	두 개의 과제를 동시에 진행했으나 역할에 따라 열정도가 달라진 상황			
	대학교 2학년	전공 수업 과제	집안일로 학교를 빠지게 되어 다른 사람들 보다 기한이 짧았음. 하지만 기한 내에 꼭 완수를 해야겠다고 다짐한 상황			
	대학교 3학년	전공 수업 과제	팀원간의 갈등 발생 A팀원이 B팀원의 맡은 임무를 잘 수행할 수 있을지 의문을 가짐. 이 건을 가지고 팀원 간의 의견이 좁혀지지 않은 상황			
	대학교 4학년	졸업 작품	배우지 않은 내용을 주제로 선정하여 학습과 설계를 동시에 진행해야 하는 상황			

① 〈표 2-1〉 경험탐색표 중앙에 적혀있는 경험 '과제'를 〈표 2-2〉 경험디자인표의 '경험군'칸에 작성한다.

② 경험탐색표에 적혀 있는 경험(대학교 1학년, 2학년…)을 경험디자인표의 언제, 주제 칸에 작성한다. (예: 언제 칸에는 대학교 1학년, 주제 칸에는 전공수업 과제라고 작성한다.)

③ 경험디자인표의 상황 칸에 어떤 상황이 일어났는지 생각나는 대로 작성한다.

위에서 제시한 방법처럼 경험 중에 대학교 과제를 가지고 학년별로 어떤 과제가 있었는지 쪼갤 수도 있지만 〈표 2-3〉 처럼 고등학교 3학년 때 회장을 하면서 일어났던 상황별로 경험을 쪼갤 수도 있습니다. 회장이라는 한 가지 주제를 가지고 여러가지 상황이 나오면 경험의 수는 더욱 풍부해질 수 있어요.

▶ 〈표 2-3〉 상황별 경험 쪼개기

경험군	언제	주제	상황	과정	정량적 성과	정성적 성과
리더	고등학교 3학년	회장	회장을 반대하는 부모님을 설득			
			회장이 되기 위해 노력			
			회장이 된 후 선생님께 의견을 제안			

과정 구체화하기

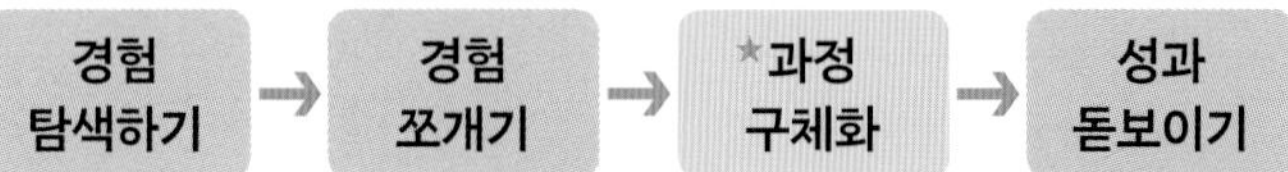

경험을 언제, 주제, 상황으로 쪼개기를 했다면 이 중에서 상황이 어떻게 해결되었는지, 구체화하는 작업을 해야 합니다. 이것을 '과정 구체화'라고 해요. 자소서의 구체화에 대해서는 챕터1.3에서 설명했죠. 실제로 지원자들의 자소서를 보면 '주제'와 '상황'에 따른 결과만 나열된 경우가 많아요. 예를 들어, '서비스직의 경험이(주제) 저의 성격을 바꾸었습니다.' 또는 '다양한 상황들에서(상황) 다양하게 해결하다 보니 문제 해결력이 높아졌어요'라고 적는다. 하지만 자소서에서 보고 싶은 것은 주제, 상황보다는 '성격이 바뀐 과정, 어떤 상황에서 어떻게 해결하여 문제 해결력이 높아진 것인지', 좀더 자세한 내용을 원하죠. 이런 과정이 구체적으로 작성되어야 스토리가 생동감이 넘칠 수 있고 이것이 상대의 마음을 설득할 수 있는 힘이 됩니다. 따라서 경험을 디자인할 때는 상황 속 과정을 더 꼼꼼하게 작성해야 합니다.

"경험에서 가장 중요한 것은 '언제 < 주제 < 상황 < 과정' 순이다."

용어 정리

과정 구체화

경험 속의 상황이 어떻게 해결되었는지를 구체적으로 작성하는 것

'과정 구체화' 작성하기

양식은 '부록: 자소서노트 2.2 경험디자인표'에 있습니다.

▶ 〈표 2-4〉 경험디자인표_과정

경험군	언제	주제	상황	과정	정량적 성과	정성적 성과
과제	대학교 1학년	전공 수업 과제	두 개의 과제를 동시에 진행했으나 역할에 따라 열정도가 달라진 상황	• 팀장을 맡았던 과제는 모든 팀원이 하는 일에 관심을 가져 전체를 이해할 수 있었음 • 팀원을 맡았던 과제는 맡은 부분에만 몰두 하다 보니 다른 팀원 것에 문제가 발생했음에도 도움을 주기 어려웠음		
	대학교 2학년	전공 수업 과제	집안일로 학교를 빠지게 되어 다른 사람들 보다 기한이 짧았음 하지만 기한 내에 꼭 완수를 해야겠다고 다짐한 상황	• 세부적인 실행 계획과 절차를 세워 프로젝트를 진행하였고, • 과정에 있어서 예기치 못한 오류들에 의해 한계에 봉착할 때 교수님들을 찾아뵈며 기술적인 조언을 받아 문제를 해결함		
	대학교 3학년	전공 수업 과제	팀원간의 갈등 발생. A팀원이 B팀원의 맡은 임무를 잘 수행할 수 있을지 의문을 가짐, 이 건을 가지고 팀원 간의 의견이 좁혀지지 않은 상황	• 팀장으로서 문제해결 규칙을 세움. 팀원들의 의견을 무시하지 않아야 할 것. 둘째, 최종 결정은 팀원들과 회의를 거쳐서 할 것. A팀 임무 가능, B팀원의 의견을 존중하기 위해 • 주기적으로 자신의 업무 진행 상황을 회의 사간에 팀원들과 공유하고 피드백하는 방안'을 생각하여 팀원들에게 제시함		
	대학교 4학년	졸업 작품	배우지 않은 내용을 주제로 선정하여 학습과 설계를 동시에 진행해야 하는 상황	• 학습까지 해야 하는 상황이므로 공강을 포기한 채 공부를 했음 • 팀원들과 학습해야 하는 부분을 나누어 공부하여 서로 알려줌		

① 〈표 2-4〉 경험디자인표_과정의 예시처럼 문제가 어떻게 해결 되었는지 구체적으로 작성한다.

경험디자인의 목적은 머릿속에 떠도는 경험을 찾아내는 것에 있어요. 과정을 나타내는 핵심 키워드만 작성해도 됩니다. 예를 들어 '학습까지 해야하는 상황이므로 공강을 포기한 채 공부를 했음'을 '공강 포기'로만 적고 나중에 자소서 작성에서 상세한 스토리를 작성하면 됩니다.

성과 돋보이기

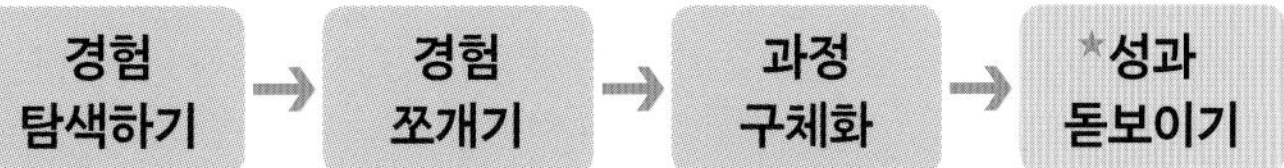

경험디자인표에서 '과정'까지 다 작성했다면 이제 '성과'를 작성합니다. 챕터1.4에서 언급한 것처럼 자소서의 성과는 *정량적 성과와 *정성적 성과가 있어요. 이때 성과를 더 돋보이게 표현하는 방법이 있는데 이것을 '성과 돋보이기'라고 해요.

정량적 성과 돋보이기는 목표, 과거 특정 시점, 경쟁자 등을 표현하여 대비 효과를 주는 거예요. 예를 들어, '은상을 받았습니다'보다는 '우리 팀은 3개월 안에 새로운 툴(tool)을 구현하는 목표를 이루었고 그 결과 은상을 받게 되었습니다'로 표현하는 것입니다. 또 다른 방법은 챕터1.4에서 소개한 방법으로 수치를 구체적으로 표현하는 거예요. 예를 들어, '경진대회에서 좋은 결과를 얻었습니다'보다는 '은상이라는 값진 결과를 얻었습니다'라고 은상, 학점 등을 강조하여 표현하는 것입니다.

정성적 성과 돋보이기는 무엇을 배우고, 느꼈는지 구체적으로 표현하는 거예요. 예를 들어, '열심히 하는 것이 중요함을 알게 되었습니다'보다는 '계획 있게 하니 집중도를 높일 수 있었고 그로 인해 더 좋은 성과를 낼 수 있다는 것을 알게 되었습니다'처럼 어떻게 열심히 했는지, 그것을 통해 무엇이 더 좋았는지를 구체적으로 표현하는 것

용어 정리

정량적 성과

수치를 측정할 수 있는 객관적인 것으로 수상경력이나 학점 등을 말한다.

정성적 성과

수치를 측정이 불가능한 주관적인 것으로 경험 속에서 배운 점, 느낀 점을 말한다.

성과 돋보이기

성과를 돋보이게 표현하는 것으로 정량적 성과가 잘 드러나게 표현하고 그 과정에서 배우고 느낀 정성적 성과를 표현하는 것

입니다. 여기에 내가 지원한 분야에서 이것을 어떻게 활용하는지를 작성하면 더욱 좋아요. 기업은 단순히 무엇을 배우고 느꼈는지 알고 싶은 것이 아니라, 이것을 직무에서 어떻게 활용하는지가 더 궁금하죠. 이렇게 직무까지 연결하는 것을 '기여도'라고 하는데 이것은 챕터3에서 구체적으로 설명할게요.

"성과 돋보이기에서 정량적 성과는 목표, 과거 특정 시점, 경쟁자 등을 표현하여 대비효과를 주거나 수치를 구체적으로 작성하는 것이고, 정성적 성과는 배우고 느낀 것을 구체적으로 작성하고 향후 직무에 어떻게 활용하는지를 작성하는 것이다."

'성과 돋보이기' 작성하기

양식은 '부록: 자소서노트 2.2 경험디자인표'에 있습니다.

▶ 〈표 2-5〉 경험디자인표_성과

경험군	언제	주제	상황	과정	정량적 성과	정성적 성과
과제	대학교 1학년	전공 수업 과제	두 개의 과제를 동시에 진행했으나 역할에 따라 열정도가 달라진 상황	• 팀장을 맡았던 과제는 모든 팀원이 하는 일에 관심을 가져 전체를 이해할 수 있었음 • 팀원을 맡았던 과제는 맡은 부분에만 몰두 하다 보니 다른 팀원 것에 문제가 발생했음에도 도움을 주기 어려웠음	A A	역할 책임
	대학교 2학년	전공 수업 과제	집안일로 학교를 빠지게 되어 다른 사람들 보다 기한이 짧았음 하지만 기한 내에 꼭 완수를 해야겠다고 다짐한 상황	• 세부적인 실행 계획과 절차를 세워 프로젝트를 진행하였고, • 과정에 있어서 예기치 못한 오류들에 의해 한계에 봉착할 때 교수님들을 찾아뵈며 기술적인 조언을 받아 문제를 해결함	A+	적극성 의지
	대학교 3학년	전공 수업 과제	팀원간의 갈등 발생. A팀원이 B팀원의 맡은 임무를 잘 수행할 수 있을지 의문을 가짐, 이 건을 가지고 팀원 간의 의견이 좁혀지지 않은 상황	• 팀장으로서 문제해결 규칙을 세움. 첫째팀원들의 의견을 무시하지 않아야 할 것. 둘째, 최종결정은 팀원들과 회의를 거쳐서 할 것. • A팀 임무 가능, B팀원의 의견을 존중하기 위해 주기적으로 자신의 업무 진행 상황을 회의 사간에 팀원들과 공유하고 피드백하는 방안'을 생각하여 팀원들에게 제시함	대상	리더십 (계획, 존중)
	대학교 4학년	졸업 작품	배우지 않은 내용을 주제로 선정하여 학습과 설계를 동시에 진행해야 하는 상황	• 학습까지 해야 하는 상황이므로 공강을 포기한 채 공부를 했음 • 팀원들과 학습해야 하는 부분을 나누어 공부하여 서로 알려줌	은상	도전 의식

① 〈표 2-5〉 경험디자인표_성과의 예시처럼 정량적 성과는 결과를, 정성적 성과는 배운 점이나 느낀 점을 키워드로 작성한다.

경험디자인표에는 구체적인 내용을 작성하지 않아도 됩니다. 챕터 3에서 자소서 작성할 때 핵심 키워드를 보고 다시 스토리텔링을 할 거예요.

03

나와 기업이 추구하는 방향 탐색하기

기업탐색이 왜 필요할까요?

기업정보를 찾고 정리하는 것을 *기업탐색(enterprise search)이라고 합니다. 기업탐색이 왜 필요할까요? 예를 들어, 좋아하는 사람이 생겼어요. 그 사람을 사귈 때는 단순히 그(녀)만 바라보고 그(녀)와 맞으면 모든 것이 문제가 되지 않았어요. 하지만 사귀는 것과 결혼은 다르죠. 결혼이 어려운 이유는 개인뿐 아니라 집안과 집안이 만나는 것입니다. 집마다 추구하는 가치와 그에 따른 문화가 다르기 때문에 서로 맞지 않는다면 갈등이 일어날 수 있어요. 취업도 결혼과 같아서 직무가 좋아서 선택했지만, 기업이

용어 정리

기업탐색
(enterprise search)
기업정보를 찾고 정리하는 것

추구하는 방향이 맞지 않으면 회사생활에 어려움을 겪을 수 있습니다. 따라서 기업이 자신에게 맞는지, 기업이 추구하는 방향은 무엇인지 탐색하는 시간이 필요합니다.

기업탐색을 어떻게 할까요?

기업이 나에게 맞는지 탐색하기

열정이는 회사를 다니는 선배를 만났다.

선배: 열정아, 요즘 취업 준비 잘 하고 있니? 첫 직장이 중요하니깐 잘 선택해.

열정: 선배님, 요즘 취업하기 힘드니깐 우선 아무 곳이나 들어갔으면 좋겠어요.

선배: 나도 예전에 그런 생각 한적이 있었는데 얼마전 대학 동기들을 만나니깐 첫 회사가 어디인지에 따라 이후 커리어를 쌓아가면서 연봉부터 복지까지 모든 게 달라지더라.

열정: 그래요? 구체적으로 말해주세요.

선배: 내가 섬유공학 전공이라 A기업의 섬유 사업부를 지원했거든. A기업에 입사했는데 섬유 관련 사업부에서는 더 이상 인원이 필요 없다는 거야. 그래서 인사팀에서 신규 사업인 첨단소재 사업부로 가겠냐고 해서, 그때는 구체적 업무는 잘 몰랐지만 일단 그쪽으로 가겠다고 했거든. 거기서 경험을 쌓고, 다른 첨단 소재 회사로 이직을 했는데, 지금 10여년이 지난 뒤에 보니, 현재 섬유 회

사를 다니는 친구와 내 연봉을 비교해 보면 내가 꽤 높은 편이야.

열정: 왜 연봉 차이가 있을까요?

선배: 섬유 회사와 첨단 소재 회사의 매출, 이익의 규모가 다르니깐 연봉의 기준도 다른 거야.

우리가 지원할 때 어디든 가자는 마음으로 지원하지만 우리도 기업에 대해 판단하는 시간은 분명 필요해. 왜냐하면 첫 직장이 나의 기준 경력이 되기 때문에 그 이후 나의 커리어 방향을 결정하는데 중요한 기준이 되거든.

열정: 선배님, 한 번도 그런 생각을 안 해봤어요. 정말 도움이 많이 되었어요. 너무 감사합니다.

우리는 무조건 채용 정보가 나오면 지원하는 것이 현실입니다. 또한, 입사 후 내가 생각한 것과 달라서 퇴사가 많은 것도 현실이죠. 실제로 한 대기업에서 신입사원이 입사 1년 이내에 20~30% 그만둔다는 통계도 있습니다. 기업에 나를 맞춘다는 것은 생각했지만 기업을 내가 판단해야 한다는 것은 낯설어요. 하지만 열정이의 선배가 이야기했듯 첫 직장이 나의 방향을 결정하는 데 중요하고 회사의 규모, 산업, 직군에 따라 연봉, 문화, 복지, 경력관리까지 달라질 수 있어요. 예를 들어, 첫 직장이 A 회사의 화학 산업의 영업 직군이라면, 이것이 이직할 때도 기본이 되어 다음 직장도 다른 화학 회사의 영업 직군으로 이직하게 될 가능성이 큽니다. 따라서 내가 목표로 정한 기업들, 혹은 채용정보에 나온 기업이 나에게 맞는지 탐색하는 시간은 꼭 필요해요.

특히 대기업들은 정보를 찾고 판단하기 쉽죠. 하지만 이름을 들어보지 못한 기업인 경우 판단하기가 어려워 망설이게 되고 결국 지원을 못 하는 경우도 발생합니다. 일반인들이 모르지만 좋은 기업들이 많은데 그것을 놓치고 있다는 것이죠. 지금부터 열정이의 기업탐색을 살펴보면서 기업을 판단할 때 무엇을 탐색해야 하는지 알아볼게요.

열정이가 원하는 직무관련 채용공고를 봤다. 하지만 이름을 잘 모르는 기업이라 이 기업이 어떤 기업인지, 나와 맞는지 탐색하고 싶다. 그래서 먼저 기업의 홈페이지에 들어갔다.

① 회사소개에서 회사 개요, 주요 사업과 제품(서비스)를 확인한다.

② 회사 각 사업장 위치를 확인한다(본사, 공장, 해외사업망 등).

③ 투자 정보의 IR 자료실을 확인한다(주식회사의 경우).

여기서 *IR 자료가 생소하시죠? IR에 대해 더 알아볼게요.

IR(Investor Relations): 주식시장에서 기업의 우량성을 확보해 나가기 위해서 투자자들만을 대상으로 기업의 경영활동 및 각종 정보를 제공하고자 할 때 작성하는 양식이다. 상장회사 및 코스닥 등록된 회사에서 회사의 가치를 높이는 활동으로 활용되고 있지만 비상장 회사들도 투자

용어 정리

IR(Investor Relations)

주식시장에서 기업의 우량성을 확보해 나가기 위해서 투자자들만을 대상으로 기업의 경영활동 및 각종 정보를 제공하고자 할 때 작성하는 양식

유치의 일환으로 기업의 재무정보까지 공개하고 있다.

좋은 기업이란 회사의 매출도 중요하지만, 특히 이익률이 높은 회사가 직원의 연봉, 복지, 미래기회 등이 좋기 때문에 회사 이익률의 추세를 살펴보아야 합니다. 이를 통해 이익이 많은 회사인지, 성장하는 회사인지 스스로 판단할 수 있어요. 대기업인 경우 내가 원하는 그 계열사 홈페이지로 들어가야 투자 정보에서 IR 정보를 볼 수 있습니다. 홈페이지에 나와 있지 않은 경우는 구글이나 검색 사이트에서 회사명 IR 자료를 검색하면 실적 발표 자료를 볼 수 있어요. IR 외에 주식의 가치로도 그 회사를 평가할 수 있는데요, IR은 이미 발생한 실적을 분석한 자료이고, 주가는 미래의 가치를 보고 추정하는 것입니다. 주가를 봐도 되지만 그 보다는 IR이 그 회사의 매출, 이익 등을 판단하기에 좋습니다.

그럼 IR에서 무엇을 확인해야 할까요? 아래의 표를 보며 설명 해볼게요. 우선 3Q에서 Q는 quarter(분기)의 뜻으로 주식회사는 매 분기별로 실적을 발표합니다.

▶ 〈표 2-6〉 S전자 IR자료

(단위: 조원)	3Q '20	(매출비중)	2Q '20	(매출비중)	3Q '19
매출액	**66.96**	100.0%	**52.97**	100.0%	**62.00**
매출원가	39.97	59.7%	31.91	60.2%	39.99
매출총이익	**26.99**	40.3%	**21.06**	39.8%	**22.01**
판관비	14.64	21.9%	12.91	24.4%	14.23
- 연구개발비	5.31	7.9%	5.22	9.9%	5.13
영업이익	**12.35**	18.4%	**8.15**	15.4%	**7.78**
기타영업외수익/비용	0.06	0.1%	△0.77	-	0.19
지분법손익	0.23	0.3%	0.09	0.2%	0.11
금융손익	0.21	0.3%	0.31	0.6%	0.54
법인세차감전이익	**12.84**	19.2%	**7.77**	14.7%	**8.62**
법인세비용	3.48	5.2%	2.21	4.2%	2.33
순이익	**9.36**	14.0%	**5.56**	10.5%	**6.29**
지배기업 소유주지분 순이익	9.27	13.8%	5.49	10.4%	6.11
기본 주당순이익 (원)	**1,364**		**808**		**899**

① 매출액을 확인한다.

매출액을 보면 그 기업의 규모를 알 수 있다. 규모가 크면 직원수도 많을 것이고 투자도 많이 하기 때문에 자신에게 기회도 많이 생길 가능성이 높다. 일반적으로 우리가 아는 기업의 경우, 매출규모를 꼭 확인할 필요가 없지만 모르는 기업의 경우에는 매출 규모가 선택에 중요한 기준이 될 수도 있다.

② 영업이익률을 확인한다.

영업이익을 확인하여 영업이익률을 계산해 보면 순수이익을 쉽게 알 수 있어 얼마나 수익률이 나는 회사인지, 아닌지를 판단할 수 있다.

영업이익률이란 매출액에 대한 영업이익의 비율을 나타낸 것으로 제조 및 판매 활동과 직접 관계가 없는 영업외 손익을 제외한 순수한 영업이익만을 매출액과 대비한 것이다.

$$\text{영업이익률} = \frac{\text{영업이익}}{\text{매출액}} \times 100$$

③ 차세대 성장 동력을 확인한다.

홈페이지나 기사, 검색을 통해 그 기업이 미래 산업을 위해 어디에 투자하는지를 살펴보면 좋다. 예를 들어, 전기차 배터리를 주로 생산하는 기업은 지난 10여년은 수익이 낮았지만 향후 5년~10년 뒤에는 전기차 배터리의 수요가 커지므로 지금보다 수익성이 높아질 수 있기 때문이다. 자신의 미래를 생각한다면 차세대 성장 동력은 중요한 요소이다.

앞에서 설명한 3가지 요소로 기업을 판단할 때 주의할 점이 있어요. 첫 번째는 매출 규모, 영업이익 중 하나만을 확인하지 말고 두 가지를 함께 보아야 정확하게 판단할 수 있다는 것입니다. 왜냐하면, 매출 규모가 큰 회사라고 무조건 이익률이 높은 것은 아니기 때문이죠. 예를 들어, 장치 산업(화학, 철강)은 매출 규모는 크지만, 공장에 대한 투자 비용, 원료에 대한 지출 비용 등이 많아서 이익률은 상대적으로 낮을 수 있어요. 반면에 IT, 게임 회사 등은 매출 규모는 장치 산업 대비 상대적으로 작지만, 공장 유지보수, 원료지출 같은 비용이 없으므로 이익률이 높을 수 있습니다. 두 번째는 여러 회사를 비교할 때, 같은 산업군끼리 비교해야 의미가 있다는 것입니다. 예를 들어 게임 회사와 화학 회사의 매출, 이익율을 비교하는 것은 큰 의미가 없습니다. 세 번째는 매출액과 영업이익률로 판단이 되지 않을 때 꼭 차세대 성장 동력을 확인해야 한다는 것입니다. 미래 산업에 큰 기준이 될 상품이나 서비스인 경우는 앞으로의 성장 가능성이 크기 때문에 회사의 매출, 이익이 높아질 수 있어요.

기업이 추구하는 방향 탐색하기

나에게 맞는 기업인지 탐색하고 그 기업으로 확정했다면 이제는 기업이 추구하는 방향을 탐색해야 합니다. 챕터1에 '1. 에세이 vs 스토리텔링'에서 배운 자소서 스토리텔링의 정의 기억하시나요?

자소서 스토리텔링이란 기업 입장에서 흥미를 느낄 수 있는 것과 내가 말하고 싶은 것의 교집합을 찾아 하나의 메시지를 만들고 나의 경험에서 그 메시지를 돋보이게 표현하는 것입니다.

스토리텔링에서 중요한 것은 교집합인데 교집합을 잘 찾기 위해서는 나의 정보와 기업의 정보를 찾고 정리하는 것이 필요해요. 나의 정보는 자신의 '경험'과 '역량'입니다. 경험은 앞에서 경험디자인을 통해 알아보았고, 역량은 챕터2에 '5. 강점 탐색으로 개인 역량 파악하기'에서 알아볼 거에요. 이렇게 개인의 정보가 정리되었다면 기업의 정보를 찾고 정리해야 합니다.기업정보는 대부분은 홈페이지에 잘 나와 있습니다. 홈페이지를 보면 그 기업의 제품, 서비스뿐만 아니라 미션, 비전, 핵심가치, 인재상 등 기업의 문화를 이루는 요소들이 다 나와 있죠.

*기업의 4요소 중 자소서와 면접에서는 '핵심가치'와 '인재상'이 중요합니다. 핵심가치란 기업이 중요하게 생각하는 원칙과 기준이죠. 예를 들어, 열정이는 개인 가치 중 종교적 가치가 중요해요. 그래서 주말에는 어떤 일이 있어도 예배를 빠지지 않죠. 그런데 일요일에 친구들이 모

용어 정리

기업의 4요소

미션, 비전, 핵심가치, 인재상

임을 하자고 연락이 왔어요. 평일에는 다 함께 모이기 힘들고 정말 오랜만에 만나는 친구들이라 만나고 싶은 마음에 고민은 되었지만, 자신의 종교적 가치가 중요하므로 모임에 참석하지 않았어요. 이처럼 개인이 행동하고 판단하는데 가치가 기준이 되듯이 기업에서도 직원들이 일을 하면서 행동하고 판단하는 데 있어 기준이 되는 것이 핵심가치입니다.

그럼 인재상은 뭘까요? 개인에게도 각자 선호하는 이상형이 있듯이 기업도 직원들에 대해 원하는 이상형이 있죠. 이것을 인재상이라고 합니다. 자소서를 작성할 때 인재상을 가장 많이 활용하는데 홈페이지에 인재상이 나와 있지 않은 경우 핵심가치를 확인하면 됩니다. 특히 기업이 추구하는 방향 탐색하기가 중요한 이유는 자소서나 면접에 적용할 수 있기 때문이죠. 요즘 기업은 기업마다 자소서 문항이 다른데 대부분의 기업이 추구하는 핵심가치, 인재상이 자소서 문항으로 표현됩니다.

기업의 4요소는 무엇일까요?

- **미션: 기업이 존재하는 이유**(기업이 생존하는 한 절대 변하지 않는다)
- **비전: 조직 미래의 바람직한 모습을 표현한 것이다. 특정 미래 시점에 걸맞은 기업의 위상을 미리 정해 놓은 것으로 조직 목표 수립 및 전략개발의 가이드로 작용한다**(비전은 오랫동안 유지되지만, 정기적으로 변하는 요소).
- **핵심가치: 기업이 중요하게 생각하는 원칙과 기준이다.**
- **인재상: 기업이 원하는 인재의 모습이다.**

예를 들어 2021년 풀무원의 자소서의 문항을 보면 기업 탐색에서 우리가 찾은 기업 정보들이 자소서 문항에 그대로 나와 있죠.

1. 우리 회사를 선택한 이유에 대해 솔직하게 2가지 이상 서술해 주십시오(기업 이미지, 조직문화, 연봉, 복지제도 현재 재정 상황, 기업의 인지도, 출퇴근 용이성, 적성에 맞는 직무 등).

2. 풀무원의 인재상과 부합하는 인재라고 할 수 있는 차별화된 역량 및 이와 관련된 경험을 서술해 주십시오.

한 가지를 더 살펴보면 아래 〈그림 2-2〉는 SK 2021년 상반기 자소서 문항입니다. 보기 쉽게 경영철학이 추구하는 가치를 자소서 문항과 연결하여 화살표로 표시했어요.

▶ 〈그림 2-2〉 SK 2021년 상반기 자소서 문항

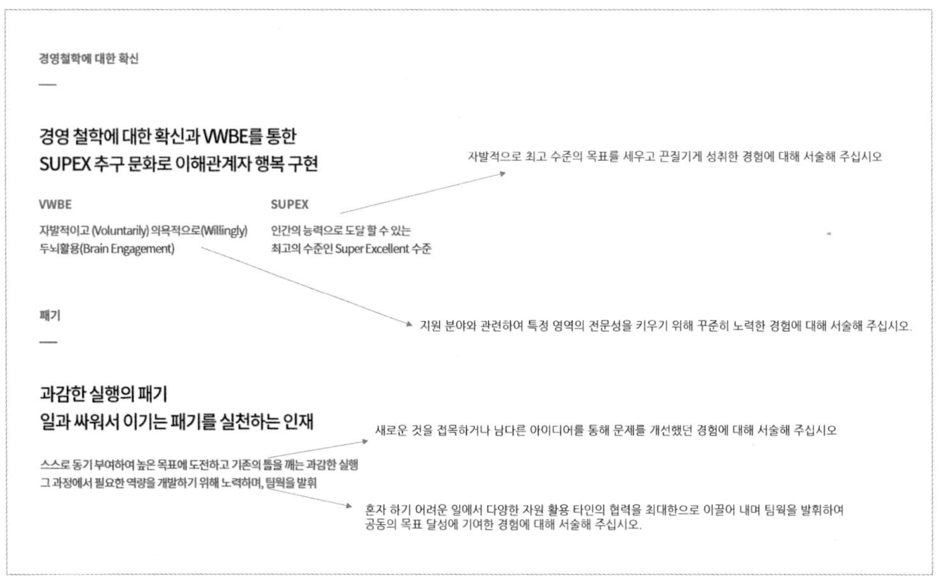

두 예시에서 살펴보았듯이 자소서 문항 자체에서 우리가 찾은 기업정보들을 직접적으로 묻고 있어요. 왜냐하면, '기업의 4요소'는 기업의 정체성이고 인재를 선발하는 데 중요한 요소이기 때문입니다. 그래서 우리는 내가 원하는 기업마다 기업이 추구하는 방향에 대해 충분히 탐색하고 정리하는 것이 좋아요.

"회사개요 및 주요 사업 파악 → 회사의 각 사업장 위치 파악 → IR 자료 → 기업 문화(미션, 비전, 핵심가치, 인재상 등) → 기타 정보(대표이사 신년사, 사업 관련 정보 등)"

'기업이 추구하는 방향' 작성하기

양식은 '부록: 자소서노트 2.3 기업탐색표'에 있습니다.

▶ 〈표 2-7〉 기업탐색표

기업명	구분	키워드	내용 (기업의 의미, 내가 활용할 내용)	재해석	경험
풀무원	미션	사람과 자연을 함께 사랑하는 LOHAS 기업			
	비전	Global New DP5	• NNR 3조 달성 • 재해율40%감축 • B-Coro 인증 취득 • 동물복지 적용 비율200% 확대 • 전 제품 100% 재활용 우수포장재 적용		
	핵심 가치 or 인재상	신뢰	약속과 규정에 따라 일관성 있게 업무를 수행하여 행동의 예측가능성을 높인다		
		정직	직업에 대한 소명의식으로 항상 **성실**하게 업무를 수행하고 그 **과정과 결과를 투명**하게 한다.	**성실이란** 업무에서 원하는 일을 정확하게 파악하고 실행하는 것. **과정과 결과의 투명이란** 과정에서 궁금한 사항이나, 문제 발생시 상사에게 보고하고 결과에 있어 사실 그대로 보고하는 것.	
		연대의식	풀무원의 LOHAS 가치를 이해하고 이를 조직의 목적과 전략에 반영하여 실천한다.		
		개방성	다양한 관점을 존중하고 자유로운 의견 개진과 건설적 비판을 권장하여 창조적 협업을 촉진한다.		
		열정	일의 목적과 의미를 알고 전문성과 사명감으로 업무에 몰입하여 공유가치창출에 공헌한다.		
	기타 정보 (대표이사 신년사)	디지털 전환	사업구조와 조직문화의 디지털 전환 선언. 포스트코로나 시대에 발맞춰 변신한다.		

① '기업명'을 작성한다.

② '구분' 칸에 미션, 비전, 핵심 가치, 인재상, 기타 정보를 작성한다. 자신이 정한 기업의 홈페이지에 나와 있는 요소를 필요한 것만 선택하여 작성한다. 특히 핵심 가치와 인재상은 활용도가 높으므로 꼭 작성한다. 여기서 기타 정보란 기업의 4요소를 제외한 내용 중 자신이 필요하다고 생각한 정보를 말한다. 예를 들어, 대표이사의 신년사의 내용을 찾았다면 '기타 정보'칸에 대표이사 신년사라고 작성한다.

③ '키워드' 칸에는 구분란에 작성한 내용에 대한 세부 내용을 작성한다. 예를 들어, 〈표 2-7〉 기업탐색표의 예시처럼 5개의 핵심가치인 신뢰, 정직, 연대의식, 개방성, 열정을 작성한다.

④ '내용' 칸에는 키워드란에 작성된 단어에서 기업이 정의하는 내용을 작성한다. 예를 들어, 〈표 2-7〉처럼 핵심가치에 대해 기업에서 의미하는 내용을 정리하여 작성한다.

⑤ '재해석' 칸에는 기업에서 정의한 내용을 토대로 추상적인 단어를 자신이 생각하는 의미로 구체화시킨다. 예를 들어, 〈표 2-7〉 기업탐색표의 핵심가치 중 '정직' 칸에서 밑줄 친 성실의 의미와 과정과 결과의 투명의 의미를 자신이 생각하는 의미로 작성한다. 특히 기업에서 정의한 내용들이 추상적인 경우 재해석을 하면 경험을 찾기가 쉬워진다.

⑥ '경험' 칸에는 내용 칸과 재해석 칸에 작성된 내용을 확인하고 이

것과 관련된 경험을 자신이 알아보기 쉽게 키워드나 내용으로 작성한다. 특히 '부록: 자소서노트 2.2. 경험디자인표'에 경험을 정리해 놓았다면 경험디자인표를 보고 관련된 경험을 찾을 수 있다.

원하는 기업의 정보를 기업탐색표에 작성하셨나요? 이렇게 작성된 기업탐색표는 자소서, 면접에 중요한 자료가 됩니다. 또한 앞에서 작성한 경험디자인표는 기업탐색표를 작성할 때도, 실제로 자소서를 작성할 때도 지속적으로 참고 자료가 되기 때문에 열심히 작성해 놓으면 됩니다. 혹시 기업에 대한 정보가 부족하다면 구글이나 네이버 등의 검색을 통해 확장하며 정리해보세요.

04

직무 탐색으로 직무 적합성 파악하기

직무 탐색이 왜 필요할까요?

직무가 어떤 일을 하는지, 그 직무를 하는데 필요한 역량이 무엇인지 찾아보고 정리하는 것을 *직무탐색(Job Search)이라고 합니다. 직무탐색이 왜 필요할까요? 채용에서 직무역량이 차지하는 비중이 높습니다. 조직에서 직무역량이 강조되고 있는 것은 단순히 채용만의 문제는 아니에요. 이것은 인사관리의 변화입니다. 몇 년 전까지만 해도 기업들은 직무의 내용보다는 학력이나 근속연수 등에 따른 사람 중심의 인사관리를 해왔어요. 하지만 이제는 능력 중심의 공정한 인사관리가 요구되면서 기업은 직무

용어 정리

직무탐색(Job Search)

직무가 어떤 일을 하는지와 그 직무를 하는데 필요한 역량을 파악하는 것

역량에 중점을 두고 있습니다. 즉 사람 중심의 인사관리에서 직무 중심 인사관리로 바뀐 것입니다. *직무 중심의 인사관리에서는 직무를 분석하고 평가하여 직무정보를 기준으로 채용, 평가, 보상 등이 이루어집니다. 특히 채용에서는 직무에 대한 정보를 바탕으로 개인의 역량을 정확히 평가하여 지원자의 직무 적합성을 평가하는 것입니다. 지원자가 직무에 대해 정확하게 파악하고 있는지, 그리고 직무에 필요한 역량을 갖추고 있는지, 여기에 개인의 역량이 더해져 직무에 적합한 인재인지를 종합적으로 평가하는 것이죠. 따라서 취업을 준비할 때에는 직무에 대해 정확한 지식과 그 직무를 잘하는 데 필요한 역량이 무엇인지, 개인의 역량이 무엇인지 아는 것이 중요합니다.

직무 탐색 어떻게 할까요?

직무가 어떤 일을 하는지 탐색하기

지원한 직무가 어떤 일을 하는지 구체적으로 파악하는 것이 중요합니다. 가장 쉽게 파악하는 방법은 기업 홈페이지에서 찾아보는 것입니다. 예를 들어 SK의 경우 채용으로 들어가보면 계열사의 직무에 대해 어떤 일을 하는지 소개되어 있고 필요한 역량도 나와 있어요. 또한 채용공고에서도 직무에 대한 설명이 나와 있죠. CJ경우도 Media에 직무소개 영상과 직무브이로그가 있어요. 기업 홈페이지 외에 국가직무능력표준인 NCS에서도 직무별

용어 정리

직무 중심의 인사 관리

직무를 분석하고 평가하여 직무정보를 기준으로 채용, 평가, 보상 등이 이루어지는 방식

소개가 나와 있어요.

NCS에서 직무 소개를 찾아볼게요.

국가직무능력표준인 NCS(www.ncs.go.kr)에 들어갑니다. NCS 및 학습모듈 검색에서 아래와 같은 화면이 나와요. 나의 직무에 해당되는 것을 찾아 누르면 그 직무가 어떤 일을 하는지 나와있어요.

따라서 내가 지원한 직무가 어떤 일을 하는지는 그 기업의 홈페이지에서 직무소개, 채용공고, 영상 그 외에 NCS, 취업 박람회(설명회), 현직자의 인터뷰 등에서 알 수 있어요. 이 중에서 가장 좋은 것은 현직자의 인터뷰이고 가장 어려운 것도 현직자의 인터뷰입니다. 만약 현직자와의 만남이 가능하다면 구체적으로 어떤 일을 하는지, 고객이 누구인지, 시장에서의 이슈가 무엇인지 물어보는 것이 좋아요. 특히 시장의 이슈는 중요하죠.

예를 들어, 교육직무인 경우 요즘 가장 큰 이슈는 온라인, 비대면 라이브 교육입니다. 코로나19로 면대면 교육이 힘들어지면서 줌(ZOOM), 웹엑스(Cisco Webex), 구루미(Gooroomee), 팀즈(Microsoft Teams) 등을 활용한 교육이 진행되고 있어요. 초기에는 이런 변화에 어떻게 적응할지 고민이었으나 이제는 온라인 교육에 맞는 환경을 조성하고 온라인으로 어떻게 더 집중시키고 효과성을 높일 수 있을지 고민하고 있죠. 더 나아가 메타버스(Metaverse)도 활용되고 있어요. 이렇게 현업에 종사하는 사람의 말을 들으면 요즘 무엇이 이슈이고 고민인지 생생하게 들을 수 있어요. 이런 키워드를 자소서에 녹인다면 현장을 잘 아는 인재로 생각할 수 있어요.

또한 년 차별로 어떤 지식과 역량이 필요한지를 들을 수 있으면 자소서 작성하는 데 상당한 도움이 됩니다. 특히 입사 후 포부와 직접 관련이 있어서 이 부분은 챕터3에서 다시 이야기 할게요.

직무에 필요한 역량 탐색하기

역량은 무엇일까요?

역량에 대한 최초 연구자로 인정받는 맥클리랜드(McClleland)는 〈그림 2-3〉 역량 빙산모델처럼 역량은 특질, 동기, 자기개념, 지식, 기술이며 각각에 대해 아래와 같이 설명하고 있어요.

- **지식(knowledge): 특정 분야에 대해 가지고 있는 지식을 말한다. 직무를 수행하기 위해 필요한 자격증도 포함한다.**
- **기술(skill): 특정한 과제를 수행할 수 있는 능력이다.**
- **자기개념(self-concept): 자신에 대한 신념, 가치 등을 말한다.**

- 동기(motives): 행동을 일으키는 내적 요인이다.
- 특질(traits): 개인간의 성격차이를 말한다.

▶ 〈그림 2-3〉 역량 빙산모델

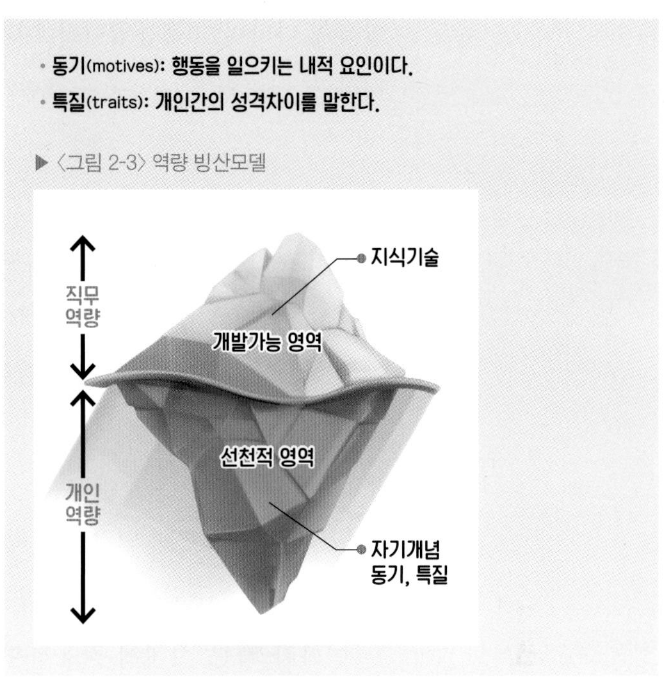

*직무역량은 직무에서 높은 성과를 낼 수 있는 직무 담당자의 행동 특성과 태도입니다. 직무역량은 4가지의 특성을 가지고 있어요.

① '성과와 관련된 행동'이다.

예를 들어, 직무수행자가 의사소통능력이 뛰어나더라도 직무 성과와 관련 없다면 직무에 적합한 역량이라고 할 수 없어요. 따라서 직무역량은 직무 성과와 연관성을 두어야 합니다.

② '행동'으로 나타난다.

역량은 사람의 내면의 특성이 지식이나 기술 등과 결

용어 정리

직무역량

직무에서 높은 성과를 낼 수 있는 직무 담당자의 행동 특성과 태도이다. 직무역량은 지식(경험)과 기술(자격, 자질)로 이루어졌다.

합하여 나타나는 행동입니다. 여기서 행동은 태도뿐만 아니라 그 사람의 말(이야기)도 포함하죠.

③ '관찰'이 가능하다.

역량은 행동으로 나타나기 때문에 관찰 가능합니다. 따라서 자소서를 보거나 면접에서 지원자의 행동과 이야기를 들으면 직무에 필요한 역량을 갖춘 인재인지를 파악할 수 있어요.

④ 직무가 다르면 역량도 달라지며, 동일 직무라도 '상황이 바뀌면 요구되는 역량이 다를 수 있다'.

변화가 빠른 시대에 적응하여 성과를 내기 위해서는 다양한 역량이 요구될 수밖에 없으며 이 역량을 얼마나 빠르게 습득하고 자기화 하느냐가 중요합니다. 특히 역량을 고정화하기 보다는 유연성을 갖고 지속적으로 내 직무에는 어떤 역량이 필요한지를 생각하는 자세가 필요해요.

직무역량에 대해 전체적으로 이해했다면 자소서에서 말하는 직무역량으로 다시 설명해볼게요. 담당자가 직무를 수행하기 위해서는 그와 관련된 지식(경험)이 필요하죠. 그런데 지식(경험)만 있다고 성과를 잘 내는 것은 아니에요. 바로 기술이 필요합니다. 기술에는 직무 관련 자격증 등의 자격 기술이 있고, 직무 수행을 더욱 활성화시키는 커뮤니케이션, 기획력, 추진력, 협상력 등의 자질 기술이 있어요. 자질 기술에 대한 상세한 내용은 〈표 2-8〉 역량

사전에 나와 있으니 참고해 보세요. 지식(경험)과 자격 기술, 자질 기술을 '직무역량'이라고 해요. 특히 자격 기술은 이력서 또는 자소서에서 간단히 언급 가능하며 자질 기술은 자소서에서만 상세히 설명할 수 있습니다.

▶ 〈표 2-8〉 역량 사전

역량명	정의	행동지표
전략적 사고	최고의 목표를 달성하기 위해 자사, 경쟁사, 고객, 시장의 전략적 요소를 분석하여 최적의 대안을 모색하는 역량	미래의 경쟁력 관점에서 생각한다. 주어진 업무를 난이도, 중요도, 시급성 등의 기준으로 비교해 본다. 진행 시 일어날 수 있는 문제점과 변수를 고려하여 여러 가지 대안을 찾는다.
기획력	현실에서 구체적인 실현을 위해 어떠한 행동을 할 것인지를 모색하고 선택해 실현해 나가는 전략을 짜 내는 역량	누구를 위해, 무엇을, 어디에, 어떠한 방법으로 만들어야 할지를 명확히 한다. 현실에서 구체적인 실현을 위해 어떠한 행동을 해 나가야 할지를 모색하여 계획을 세운다. 위험을 알지만 줄이거나 피해 가는 방법을 고안해, 그런 위험 속에서도 새로운 기회를 만든다.
계획력	목표 달성을 위해 효율적인 방안과 실행가능한 일정을 수립하는 역량	목표를 설정한다. 목표를 위한 효율적인 방안을 찾는다. 우선순위에 따라 실행 가능한 일정을 수립한다.
분석력	자료를 작은 단위로 분할하여 각각의 상호관계를 파악하고 핵심사항을 도출하는 역량	자료를 작은 단위로 분할한다. 객관적으로 연관성을 파악한다. 종합하여 핵심사항을 도출한다.
의사 소통	자신의 생각이나 의견을 정확하게 전달하고 상대의 말을 경청하여 의미를 파악하는 역량	문서를 읽거나 상대방의 말을 듣고 의미를 파악한다. 자신의 의사를 정확하게 표현한다. 상대의 마음을 이해하고 공감한다.
설득력	목표 달성을 위해 상호간의 입장에서 만족할 수 있는 방향으로 합의를 이끌어내는 역량	자신의 주장과 상대방의 주장을 정확히 이해한다. 질문을 통해 상대의 의중을 파악한다. 구체적이고 객관적 자료를 주장을 뒷받침한다.
협동력	다른 조직원들과 힘을 합하여 공동의 목표를 추구하고 시너지를 발휘하는 역량	공동의 목표를 이해하고 자신의 역할을 파악한다 공동의 목표를 위해 정보와 자원을 적극적으로 공유한다. 발생되는 갈등을 해소한다.
도전 정신	변화나 개선을 위해 구체적인 방법을 모색하고, 어려움 속에서도 극복하려는 역량	위험을 감수하더라도 목표 이상을 달성하려고 노력한다. 어려움이 있어도 과감하게 실행한다.

문제 해결	문제에 대한 원인을 정확하게 파악하고 문제의 근본적인 해결방안을 찾아서 실행하는 역량	현재, 미래의 문제, 현재 문제가 없더라도 나은 방법을 찾기 위해 인식하고 원인을 분석한다. 근본원인을 효과적으로 해결 할 수 있는 방안을 모색한다. 계획을 실행에 옮기고 장애 되는 요인을 제거한다.
갈등 관리	갈등상황에서 갈등원인을 찾아 원만한 해결책을 유도하고 유도하는 역량	갈등상황에서 문제의 원인을 객관적으로 인식한다. 두 사람의 입장에서 동의하는 부분, 기본적으로 다른 부분을 인정하고, 중요한 기준을 명확히 한다. 해결책을 생각한다. 대화를 통해 타협점을 이끌어낸다.
고객 지향	고객의 입장에서 생각하고 고객의 만족을 이끌어내는 역량	상대의 입장에서 생각한다. 내부,외부 고객의 요구사항을 미리 파악한다. 만족시키기 위해 적극적으로 노력한다.
창의력	기존의 관념에서 벗어나 여러 관점에서 사고하여 새로운 아이디어를 제안하는 역량	여러 관점에서 새로운 아이디어를 제안한다. 기존의 틀에서 벗어나 상반되거나 관련 없는 것에서 새로운 것을 만들어낸다. 새로운 것을 업무에 적용한다.
도전 정신	변화나 개선을 위해 구체적인 방법을 모색하고 어려움 속에서도 극복하려는 역량	위험을 감수하더라도 목표 이상을 달성하려고 노력한다. 어려움이 있어도 과감하게 실행한다.
공정성	객관적 기준에 따라 공평하고 차별하지 않는 역량	객관적 기준에 따라 행동한다. 차별 없이 동등한 기회를 제공한다.

"직무역량은 지식(경험), 기술로 나뉘며 기술에는 자격증 등의 자격 기술과 커뮤니케이션, 협상력 등의 자질 기술이 있다. 자소서에서는 자질 기술이 많이 활용된다."

'직무에 필요한 역량' 작성하기

양식은 '부록: 자소서노트 2.4 직무탐색표'에 있습니다.

▶ 〈표 2-9〉 직무탐색표

직무가 하는 일

직무역량	재해석	경험
분석력	자료를 작은 단위로 나누고 객관적으로 연관성을 파악하는 것	
기획력	기획하는 목적을 분명히 알고 행동계획을 세우는 것	
도전정신	위험을 감수하더라도 목표를 달성하기 위해 노력하는 것	
의사소통	자신의 생각이나 의견을 정확하게 표현하는 것	
설득력	목표달성을 위해 상호간에 합의를 이끄는 것	
고객 지향	고객의 입장에서 생각하는 것	

① 지원한 직무가 구체적으로 어떤 일을 하는지 생각하여 직무가 하는일 칸에 작성한다.

② 그 직무에 어떤 역량이 필요한지 〈표 2-8〉 역량사전을 찾아본다. 예를 들어, 영업직은 타겟 산업군의 시장분석, 신규사업기획, 신

규 고객사 발굴, 기존 고객관리 등의 일을 한다. 이 일을 잘 하기 위해 필요한 역량은 분석력, 기획력, 도전정신, 의사소통, 설득력, 고객 지향성이다.

③ 찾은 역량을 〈표 2-9〉 직무탐색표처럼 직무역량 칸에 작성한다.

④ 재해석 칸에 직무역량을 재해석하여 작성한다. 재해석 시 역량사전의 정의와 행동지표를 보면서 자신이 생각하는 것으로 수정하여 작성한다.

⑤ 경험 칸에 재해석에 맞는 경험을 간단하게 작성한다. 이때 부록: 자소서노트 2.2 경험디자인표를 참고한다.

05

강점, 가치 탐색으로 개인역량 파악하기

개인역량 탐색이 왜 필요할까요?

개인적 차이를 일으키는 자신의 강점, 가치를 찾아보고 정리하는 것을 *개인역량탐색(exploring personal competency)이라고 합니다. 개인역량탐색이 왜 필요할까요? 직무역량에 필요한 모든 지식과 기술을 익혀도 사람의 역량은 다르게 나타납니다. 왜냐하면 개인의 가치관, 동기, 성격적 특징이 다르기 때문에 기술을 똑같이 배워도 흡수하고 적용, 활용하는 것에 차이가 나기 때문이죠. 예를 들어, 영업을 잘 하기 위해 의사소통, 기획력, 설득력 등을 배웠다고 해도 어떤 사람은 의사소통에 더 강점을 발휘

용어 정리

개인역량탐색
(exploring personal competency)
개인적 차이를 일으키는 자신의 강점, 가치를 찾아보고 정리하는 것

하고 어떤 사람은 기획력에 더 강점을 발휘하죠. 이와 같이 개인의 성격이 반영되어 개인적 차이를 일으키는 것을 '개인역량'이라고 합니다. 앞에서 설명한 〈그림 2-3〉 역량 빙산모델에서 수면에 잠겨 있는 자기 개념, 동기, 특질이 개인역량에 해당되죠. 한마디로 개인역량은 자신이 가지고 있는 강점과 가치관이에요.

개인역량 탐색을 어떻게 할까요?

강점 탐색하기

자소서는 자신이 지원한 기업에 잘 맞고 직무를 잘 할 수 있는 강점이 있음을 알리는 것입니다. 따라서 자신의 강점을 잘 모른다면 자소서에 표현하기가 어렵죠. 하지만 의외로 자신의 강점을 잘 모르는 분들이 많아요. 그래서 지금부터 자신의 강점을 찾아볼게요.

강점을 찾는 진단 중 하나인 VIA(Values in Action Project)를 소개합니다. 피터슨(Peterson)과 셀리그먼(Seligman)은 세계의 철학자들과 주요 종교가 제시하는 덕목, 심리학자들의 연구 자료들과 청소년 발달의 주요 이론을 검토하여 비교적 보편적인 가치를 지닌 덕목 6개 영역과 24개 강점을 선정하였습니다. 이것이 행동 가치 프로젝트 VIA이고 www.viacharacter.org에서 무료로 진단해 볼 수 있어요.

사이트에 들어가서 무료 설문조사를 선택하고, 〈그림 2-4〉와 같이 이름과 이메일, 비밀번호를 만들고 조사 시작을 누르면 됩니다. 한국어로 번역이 가능하지만 간혹 번역이 이해가 안될 때에는 영어를 보면서 올바르게 해석하여 진단합니다.

▶ 〈그림 2-4〉 VIA 진단1

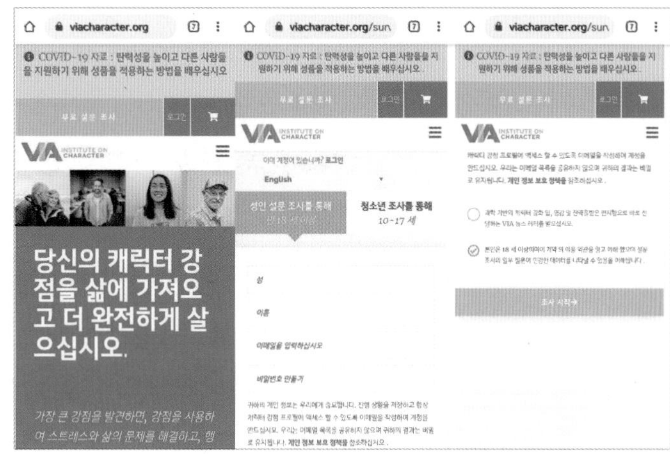

▶ 〈그림 2-5〉 VIA 진단2

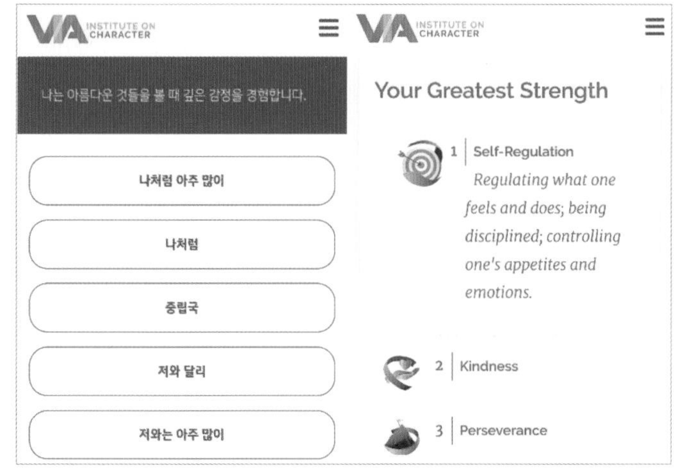

진단 시 문항의 글을 읽고 본인에게 해당되는 것을 5개 보기에서 골라 체크하세요. 〈그림 2-5〉에서 처럼 문항에 대한 보기가 5가지로 나오는데 아래와 같이 해석하면 됩니다.

나처럼 아주 많이 : 매우 비슷하다

나처럼 : 나와 비슷하다

중립국 : 보통이다

저와 달리 : 나와 다르다

저와는 아주 많이 : 나와 매우 다르다

이런 식으로 120문항에 답을 하면 바로 결과가 나옵니다. 모바일로 진단 할 수 있으므로 시간을 내어 진단해보세요.

'강점탐색으로 개인역량' 작성하기

양식은 '부록: 자소서노트 2.5 강점탐색표'에 있습니다.

▶ 〈표 2-10〉 강점탐색표

강점	재해석	경험
학구열	새롭게 배우고 익히는 것	
진실성	자신의 말과 행동에 허위가 없고 자신이 말한 것을 책임지는 것	
이타성	타인을 돕고 호의를 베푸는 것	
시민정신	다양한 사회적 상황에 걸맞게 행동하는 것	

① 본문에서 소개한 VIA로 강점 진단을 한 후 자신의 강점을 1~9위까지 확인한다. 만약 강점 진단을 하지 않은 경우 다음 페이지에 있는 〈표 2-11〉 24개 성격강점의 의미에서 9개를 뽑아본다.

② 9개의 강점 중 자소서에서 많이 활용할 수 있는 강점을 4개 이상 선택하여 〈표 2-10〉 강점탐색표와 같이 강점 칸에 작성한다.

③ 재해석 칸에 강점을 각각 재해석 한다. 〈표 2-11〉 24개 성격강점의 의미에서 강점 별 의미를 확인하고 자신이 생각하는 의미로 재해석하여 작성한다.

④ 재해석에 맞는 경험을 찾아서 경험 칸에 간단하게 작성한다. 이때 '부록: 자소서노트 2.2 경험디자인표'를 참고한다.

▶ 〈표 2-11〉 24개 성격강점의 의미

덕목	성격강점	의미
지성	창의성	사물을 새롭게, 생산적인 방식으로 사고하는 것
	호기심	일어나고 있는 모든 현상과 경험에 대한 흥미를 갖는 것
	개방성	다양한 측면에서 사물이나 현상을 철저하게 생각하고 검토하는 것
	학구열	새로운 기술, 지식을 배우고 숙련하려는 것
	지혜	전체적인 관점에서 생각하며 타인에게 현명한 조언을 해줄 수 있는 것
용기	용감성	도전, 위협, 어려움이나 고통에 움츠러들지 않고 극복하는 것 옳은 것에 대해 소신을 갖고 말하는 것
	끈기	시작한 일을 완성하는 것 장애물에도 불구하고 계획한 것을 지속하는 것
	진실성	사실을 제시하고 행동하며 허위가 없고 자신의 느낌이나 행실에 대해 책임을 지는 것
	활력	삶의 열의와 힘을 가지고 임하는 것
인간애	사랑	다른 사람과 친밀한 관계에 가치를 두고 관계를 유지하는 것
	이타성	타인을 돕거나 돌보고 호의를 베푸는 것
	사회, 정서지능	타인의 감정과 동기를 알고 타인의 마음을 움직이는 방법을 아는 것
용기	시민정신	자신이 속한 팀이나 집단 구성원으로 자기 역할과 주어진 본분을 다하며 집단에 충성하는 것
	공정성	편향된 개인적 감정 없이 모든 사람들을 공평하게 다루며 개인적인 감정에 따라 타인에 대해 결정하지 않고 모두에게 동등한 기회를 주는 것
	리더십	집단을 관리하며 집단 안에 활동을 효율적으로 할 수 있도록 조직화하고 집단 내에서 관계와 일들이 잘 될 수 있도록 격려하고 유지하며 각자의 일들을 잘 수행할 수 있도록 이끄는 것
절제	용서	타인의 단점을 받아주며 잘못을 저지른 사람을 용서하고 앙심을 품지 않는 것
	겸손	자신의 성취 자체에 가치를 두고 자신을 내세우지 않는 것
	신중성	선택이나 결정을 조심스럽게 하는 것
	자기조절	스스로 감정과 행동을 조절하고 절제된 행동을 통해 자신의 욕구와 정서를 통제하는 것

초월성	심미안	다양한 삶의 영역에서 아름다움과 뛰어남을 주목하고 느끼는 것
	감사	좋은 일을 잘 알아차리고 이에 고마워하는 것
	낙관성	좋은 미래를 이루어 낼 수 있는 것에 대한 믿음을 갖는 태도이며 앞에 벌어질 일에 대해서 최상의 것을 기대하고 이를 완수하기 위해 노력하는 것
	유머	타인에게 미소 짓게 하고, 장난치고 웃는 것을 좋아하며 농담을 만들어 낼 수 있는 것
	영성	삶의 의미에 대한 믿음을 갖고 편안함을 제공하여 주는 것 보다 높은 목적과 더 큰 틀 안에서 자신이 어디에 들어 맞는지 알고 행위를 조성해주는 것

출처: 윤병오(2013). 「성격강점 및 덕목에 대한 VIA 분류체계의 도덕교육적 의의」, 박사학위논문, 한국교육대학교

가치 탐색하기

챕터2.3에서 언급했던 기업의 4요소 중 핵심가치 기억하시죠? (p. 94 참조) 핵심가치란 일 하면서 필요한 원칙과 기준을 말해요. 이런 원칙과 기준은 개인에게도 있죠. 이것을 개인 가치라고 합니다. 개인 가치는 자신이 결정해야 할 때 판단기준이 되기도 하고 자신의 행동에 근본 목적이기도 해요. 이런 가치를 스스로 알게 된다면 자신이 목표한 것을 지속해서 유지하며 실행력을 높일 수 있습니다.

『나는 왜 이 일을 해야 하는가』의 저자 사이먼 사이넥(Simon Sinek)은 그의 저서에서 가치의 중요성을 골든 서클로 얘기했어요. 골든 서클은 3개의 원으로 이루어졌는데 가장 밖에 있는 원이 '무엇을', 그 안에 있는 원이 '어떻게' 그리고 가장 가운데 있는 원이 '왜' 입니다. 그는 밖에서 안으로 들어가는 방향이 성공하지 못한 사람들(계획을 꾸준히 하지 못하는 사람들), 안에서 밖으로 나가는 방향이 성공하는 사람들(계획을 꾸준히 하는 사람들)의 사고라고 말합니다.

예를 들면, 연초 계획 중에 가장 많이 하는 것이 다이어트, 운동이죠. 그냥 '다이어트를 해야지, 헬스 할 거야'는 골든 서클의 '무엇'만 생각한 거죠. '무엇'만 생각하고 헬스를 한다면 헬스가 힘들어질 때 바로 포기할 수 있죠. 하지만 행동의 근본 원인인 '왜'를 생각하고 한다면, 그 행동은 오래 지속할 수 있어요. 즉, '왜 내가 다이어트를 하고 싶은 것일까?'를 깊게 생각하면 단순히 헬스가 아닌 그 안에 건강이라는 가치가 있어요. 건강의 가치를 알고 나면 '건강을 유지하기 위해 어떻게 해야 할까?'를 스스로 질문하게 되고 건강검진, 음식, 운동이라는 방법을 찾을 수 있죠. 그리고 나서 '운동 중 무엇을 할까?'를 생각하면 '헬스 해야지'가 나오는 거예요. 혹시 헬스를 하다가 싫증이 나더라도 헬스를 하는 목적을 분명히 알기 때문에 운동을 바꾸어서라도 가치를 실현하도록 노력할 수 있어서 어떤 행동을 지속해서 할 수 있어요.

이렇게 '개인에게 중요한 가치'를 취업에서 왜 중요하게 생각할까요? 그 이유는 가치는 그 사람의 생각, 철학이기 때문에 가치를 알면 그 사람의 근본을 알 수 있습니다. 결국 개인의 가치가 직무나 조직 생활에 적용이 되기 때문에 기업에서도 개인의 가치를 보고 기업과 직무에 맞는 인재인지를 판단하는 기준이 될 수 있죠.

'가치탐색으로 개인역량' 작성하기

양식은 '부록: 자소서노트 2.6 가치탐색표'에 있습니다.

▶ 〈표 2-12〉 가치탐색표

가치	재해석	경험
성장	기존보다 더 나아지고 좋아지는 것	
자기만족	주어진 일에 스스로 만족하는 것	
성실	주어진 일에 어려움이 발생하더라도 끝까지 책임을 다하여 마무리하는 것	
신뢰	자신의 말과 행동으로 타인과의 관계가 좋아지는 것	

① 본인이 인간관계나 일을 하면서 중요하게 생각하는 가치를 생각한다.

② 〈표 2-12〉처럼 가치 칸에 4개의 가치를 작성한다.

③ 작성한 가치를 재해석 한다.

④ 재해석에 맞는 경험을 찾아서 경험 칸에 간단하게 작성한다. 이때 '부록: 자소서노트 2.2 경험디자인표'를 참고한다.

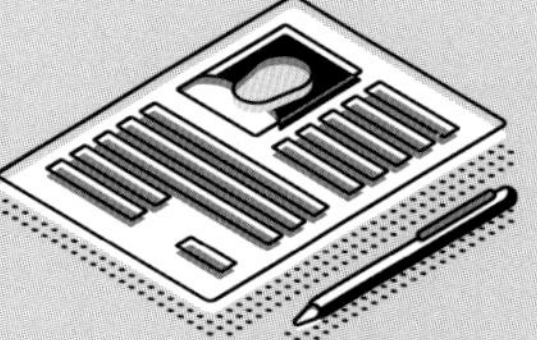

여러분이 원하는 요리가 있어서 재료 준비를 했다고 가정해 볼게요. 한 번도 해본 적이 없는 요리라면 재료 준비를 완벽하게 해도 요리를 바로 할 수 없죠. 우리에게 필요한 것은 요리를 만들 수 있는 레시피입니다.
자소서도 마찬가지에요. 자소서 준비를 잘했다고 해도 작성법을 모르면 작성하기 힘들어요. 그래서 챕터3에서는 우리가 일반적으로 사용하는 기본 자소서의 작성법과 기업별 자소서 작성법을 소개합니다.
자소서 작성은 힘든 과정이에요. 하지만 노력하고 정성을 들인다면 힘든 만큼 보람도 클 거에요. 이제 각각의 작성법을 통해 나만의 멋진 자소서를 만들어 보세요.

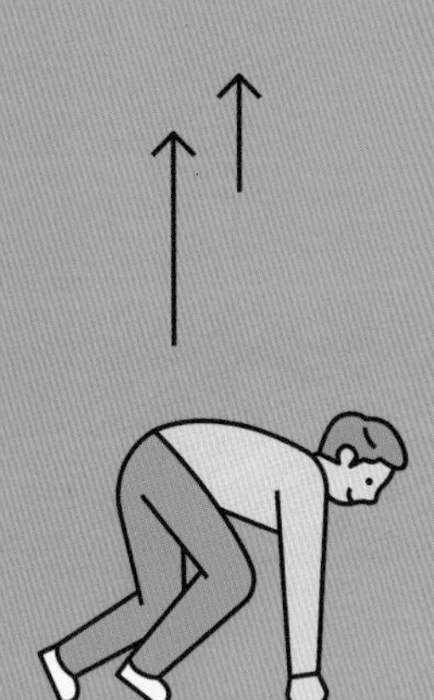

CHAPTER 03

흥하는 자소서에는 특별한 작성법이 있다

01

기본을 다져주는 스토리텔링 작성법

취업준비생: 자소서를 작성할 때 가장 중요한 것은 무엇일까요?

선생님: 인사담당자들이 인터뷰에서 꼭 강조하는 말이죠.

취업준비생: 스토리텔링 아닐까요?

선생님: 맞아요. 스토리텔링이죠.

취업준비생: 선생님, 스토리텔링이 중요하다는 것은 잘 아는데 이것을 자소서에 어떻게 녹여 작성해야 하는지 모르겠어요.

선생님: 혹시 챕터1.1에서 배운 자소서 스토리텔링 정의를 기억하시나요?

취업준비생: 네, 자소서 스토리텔링이란 기업입장에서 흥미를 느낄 수 있는 것과 내가 말하고 싶은 것과의 교집합을 찾아 핵심 메시지를 만들고 나의 경험에서 그 메시지를 돋보이게 표현하는 것입니다.

이렇게 정의를 알고 있는데 적용하기 힘든 이유는 구체화 작업이 빠졌기 때문입니다. 예를 들어, 누군가가 요리를 알려줄 때 '소금을 적당히 넣어요'라고 말한다면 처음 요리하는 사람으로서는 이해하기 힘들죠. '적당히'라는 말 대신 '1티스푼'이라고 구체적으로 말해야 합니다. 자소서도 마찬가지예요. 아무리 자소서 스토리텔링 정의를 이해한다 해도 구체화 작업을 하지 않으면 바로 적용하기가 힘들어요. 지금부터 스토리텔링의 구체화 작업인 작성법을 배워볼게요.

자소서 스토리텔링 작성법

자소서 스토리텔링의 정의를 생각하며 아래의 광탈이의 자소서를 읽고 질문에 답을 해보세요.

장점
저는 긍정적인 마인드와 협동심이 강합니다. 제가 교육과정을 수료하면서 팀프로젝트를 진행한 적이 있습니

다. 그때 팀원이 6명이었는데 저를 제외한 5명은 비전공자였습니다. 그래서 팀원들이 수업에서 배웠던 내용을 이해하지 못하여 프로젝트를 진행하는데 어려움이 있었습니다. 저희는 매일 수업이 끝나고 수업 내용을 같이 공부하면서 프로젝트를 병행했습니다. 초기에는 팀원들에게 기초 이론부터 알려주는 것이 힘들었지만 시간이 흐르면서 학습능력이 올라가게 되었고 저 또한 수업 내용을 다시 알려주면서 체계적으로 정리되었습니다.

프로젝트를 진행하면서 자기가 맡은 분야뿐만 아니라 서로 이해가 안 되는 것을 도와주다 보니 오류해결 능력이 더 올라가게 되었고 서로 맡은 부분에 대해 어떤 기술을 쓰고 어떻게 돌아가는지 알게 되었습니다. 또한 초기에는 제가 도움을 많이 주었는데 나중에는 제가 모르는 부분에서도 팀원들의 도움을 받을 수 있었습니다. 이렇게 서로 협동하다 보니 좋은 결과를 얻을 수 있었고 그로 인해 쌓인 신뢰로 관계가 더욱 좋아졌습니다. 이와 같이 저의 긍정적인 마인드와 강한 협동심은 입사 후 회사에서 업무를 수행하는데 많은 도움이 될 거라고 생각합니다.

생각해보기

주장하는 핵심 메시지는 무엇인가요?

경험이 구체적인가요?

성과는 잘 표현되었나요?

앞으로 업무를 수행하는데 핵심 메시지가 연결되나요?
주장과 경험이 일치하나요?

질문에 답을 생각해보았나요? 아래의 작성법과 하나씩 맞추어 보면서 자소서 스토리텔링 작성법을 정리해 볼게요.

스토리텔링 작성법1

기업과 나의 교집합을 찾아서
자소서 항목의 핵심 키워드를 만든다.

자소서의 목적은 '나'라는 인재가 기업, 직무에 맞는 인재임을 주장하는 것입니다. 에세이처럼 자신의 이야기를 생각나는 대로 작성하는 것이 아니라 기업에서 원하는 이야기를 작성해야 합니다. 따라서 항목에 맞게 기업과 나의 교집합을 찾아야 해요. 성장과정은 기업의 핵심가치와 개인의 가치, 장점은 기업의 인재상과 개인 강점, 직무 강점은 직무 역량과 개인 강점에서 교집합을 찾습니다. 챕터2에서 이것과 관련된 모든 자료를 자소서 노트에 정리했어요. 예를 들어, 장점을 작성하는 경우, '부록: 자소서 노트 2.3 기업탐색표의 인재상과 2.5 강점탐색표'를 확인합니다. 확인 후 서로 비슷한 의미의 내용이 있다면 이것을 장점의 핵심 키워드로 만들어요. 〈그림 3-1〉은 장점에서 교집합을 찾는 예시입니다. 풀무원의 경우는 인재상이 나와 있지 않아서 핵심가치와 교집합을 찾았어요. 그 결과 신뢰와 시민정신, 정직과 진실성, 개방성과 이타성이 나왔습니다. 찾은 단어를 자소서 작성에 좋은 단어인 '신뢰와 시민정신'을 책임감, '정직과 진실성'을 정직, '개방성과 이타성'을 협동심으로 바꾸었어요. 이 중 경험을 잘 작성할 수 있는 단어를 선택하면 그것이 장점의 핵심 키워드가 됩니다.

▶ 〈그림 3-1〉 기업탐색표(좌)와 강점탐색표(우)

기업명	구분	키워드	내용 (기업의 의미, 내가 활용할 내용)
풀무원	핵심 가치	신뢰	약속과 규정에 따라 일관성 있게 업무를 수행하여 행동의 예측가능성을 높인다.
		정직	직업에 대한 소명의식으로 항상 성실하게 업무를 수행하고 그 과정과 결과를 투명하게 한다.
		연대 의식	풀무원의 LOHAS 가치를 이해하고 이를 조직의 목적과 전략에 반영하여 실천한다.
		개방성	다양한 관점을 존중하고 자유로운 의견 개진과 건설적 비판을 권장하여 창조적 협업을 촉진한다.
		열정	일의 목적과 의미를 알고 전문성과 사명감으로 업무에 몰입하여 공유가치 창출에 공헌한다.

강점	재해석
학구열	새롭게 배우고 익히는 것
진실성	자신의 말과 행동에 허위가 없고 자신이 말한 것을 책임지는 것
이타성	타인을 돕고 호의를 베푸는 것
시민 정신	다양한 사회적 상황에 걸맞게 행동하는 것

광탈이의 자소서 분석

광탈이의 자소서는 스토리텔링 작성법 1에 맞는 자소서입니다. 기업의 인재상과 개인 강점의 '교집합'을 찾아 긍정마인드와 협동심을 핵심 키워드로 작성했습니다.

스토리텔링 작성법2

두괄식으로 작성한다.

자소서 항목마다 핵심 키워드가 정해졌다면, 핵심 키워드를 앞 또는 뒷부분에서 강조할지를 정해야 합니다. 중심 내용이 글의 앞부분에서 강조하는 것을 두괄식이라고 하고 뒷부분에서 강조하는 것을 미괄식이라고 하죠.

제가 교육과정을 수료하면서 팀 프로젝트를 진행한 적 있습니다. (……)
이와 같이 저는 긍정마인드와 협동심이 있습니다.

→ '미괄식'

저는 긍정마인드와 협동심이 있습니다. (……)

→ '두괄식'

예를 들어, 여러분이 채용담당자라면 미괄식과 두괄식 중 어떤 글이 읽기가 좋을까요? 개인의 취향에 따라 다르지만 목적이 분명한 자소서와 같은 글은 미괄식보다는 두괄식이 읽기가 좋아요. 왜냐하면 지원자가 말하고자 하는 핵심을 빠르게 파악할 수 있어서 기업이 원하는 방향과 맞는지 확인하기가 쉬워지기 때문입니다.

광탈이의 자소서 분석

광탈이의 자소서는 스토리텔링 작성법 2에 맞습니다. 두괄식으로 작성하여, 자신이 말하고자 하는 것을 분명하게 제시했습니다.

스토리텔링 작성법3

핵심 키워드를 메시지로 만든다.

자소서는 상대를 설득해야 하는 제안서입니다. 누군가를 설득하기 위해서는 주장이 분명해야 하죠. 그래서 앞에서 찾은 핵심 키워드를 활용하여 핵심 문장을 만듭니다. 예를 들어, 협동심이라면 '저의 장점은 협동심입니다'라고 작성하고 첫 문장에 넣습니다.

광탈이의 자소서 분석

광탈이의 자소서는 스토리텔링 작성법 3에 맞습니다. 하지만 핵심 키워드가 2개 이므로 이런 경우는 한 문장으로 작성하는 것 보다는 분리하여 작성하는 것이 좋아요.
예를 들어
첫 번째 장점은 긍정 마인드입니다.
~
두 번째 장점은 협동심입니다.
~

스토리텔링 작성법4

핵심 키워드를 재해석한다.

자소서를 작성할 때 차별화에 대해 고민한 적 있으시죠? 차별화에 대해서는 챕터1.2에서 설명했어요. 자소서에서 차별화란 남들과 다른 특이한 요소가 아니라, '자신의 가치'를 표현하는 것입니다. 쉽게 설명하면 누구나 긍정 마인드를 작성할 수 있어요. 하지만 사람마다 긍정 마인드에 대한 생각은 다를 수 있죠. 긍정 마인드에 대한 자신의 생각을 정리한 것을 재해석이라 하고 이것이 차별화 요소가 될 수 있습니다. 이렇게 재해석을 하면 지원자도 주장에 맞는 근거를 찾기 쉬우며 담당자도 지원자의 의도를 쉽게 파악할 수 있어서 내용을 이해하기가 쉬워지죠.

재해석을 하는 방법에는 두 가지가 있습니다.

첫째, 핵심 문장 다음에 재해석 문장을 작성합니다. 예를 들어, '저의 장점은 협동심입니다. 협동심이란 원하는 목표를 이루기 위해 함께 노력하는 자세라고 생각합니다.'

둘째, 핵심 키워드와 재해석을 한 문장으로 작성합니다. 예를 들어, '저는 원하는 목표를 이루기 위해 함께 노력하는 협동심이 있습니다.'

광탈이의 자소서 분석

광탈이의 자소서는 스토리텔링 작성법 4에 맞지 않아요. 재해석을 하지 않았어요. 재해석을 안 한다고 크게 문제 되지 않지만 읽는 사람들은 '또 협동심이야'라며 다른 사람들의 협동심과 같이 묶어서 생각할 수 있어요. 특히 협동심은 자소서에 많이 쓰이는 키워드입니다. 남들과 차별화되려면 협동심에 대한 본인의 생각을 표현해 보세요.

스토리텔링 작성법5

재해석에 맞는 경험을 구체적으로 작성한다.

부모님에게 최신 노트북을 사야 한다고 주장하고 그 이유를 설명하지 못한다면 부모님을 설득할 수 있을까요? 누군가를 설득하기 위해서는 이유, 근거가 구체적으로 제시되어야 합니다.

자소서에서 근거는 경험이에요. 근거가 구체적이지 않다면 설득하기 어려워지죠. 경험의 구체화에 대해서는 챕터1-3과 챕터2-2에서 알아보았어요. 경험디자인을 할 때 경험을 언제, 주제, 상황으로 쪼개기 한 것을 기억하시죠. 쪼개기 한 것을 작성하는 기법을 'ASMR' 이라고 합니다. ASMR 기법은 경험의 구체화 기법입니다.

A(At the time): 언제 (언제 했는가)

S(Subject): 주제, 과목, 대상 (무엇을 했는가)

M(Matter): 상황 (어떤 일이 일어났는가)

R(Resolve): 해결 (해결했는가)

경험을 ASMR 기법에 맞추어 작성하면 구체적으로 스토리가 전개될 수 있습니다. 특히 4개 요소 중 가장 구체적으로 작성해야 하는 부분은 R(해결) 부분이에요. 스토리텔링 정의에서 '메시지를 돋보이게 표현한다'라는 말은 자신이 주장하는 핵심 키워드가 경험의 해결부분에서 정확하게 표현되는 것을 의미합니다.

광탈이의 자소서 분석

광탈이의 자소서는 스토리텔링 작성법 5에 맞지 않아요. 특히 ASMR 기법에서 가장 중요한 R부분이 부족해요. 어려움을 어떻게 해결했는지 구체적으로 작성하는 것이 좋습니다.

스토리텔링 작성법6

정량적 성과와 정성적 성과를 작성한다.

기업에서 성과는 중요하죠. 인재를 뽑는 이유도 성과를 내기 위함이므로 성과를 잘 표현하면 자신의 능력을 어필할 수 있어요. 성과에는 정량적 성과와 정성적 성과가 있어요. 우리는 앞에서 챕터1.4와 챕터2.2에서 배웠죠. 다시 정리하면 정량적 성과는 측정 가능한 객관적인 것으로 학교 성적, 대회 등에서 수상한 경력을 말합니다. 무작정 '좋은 결과' 라고 표현하는 것 보다는 숫자를 구체적으로 표현하는 것이 좋아요. 정성적 성과는 측정 불가능한 주관적인 것으로 경험을 통해 배우고 느끼게 된 점을 말합니다. 기업에서는 프로젝트 후 잘 한 것에 대해서는 어떻게 잘 했는지, 못한 것에 대해서는 왜 못 했는지를 피드백 합니다. 자신의 경험에 대해 피드백 하는 것은 앞으로 진행하는 일에 밑거름이 될 수 있어요.

광탈이의 자소서 분석

광탈이의 자소서는 스토리텔링 작성법 6에 맞지 않아요. 정량적, 정성적 성과를 구체적으로 표현하지 못했어요. '좋은 성과'보다는 '학점'으로 표현하는 것이 좋아요. 특히 광탈이의 '쌓인 신뢰로 관계가 좋아졌다'라는 표현은 정성적 성과의 표현으로는 많이 부족합니다. 정성적 성과는 그 경험을 통해 무엇을 배우고, 무엇을 느꼈는지 구체적으로 작성해야 한다는 것을 잊지 마세요.

스토리텔링 작성법7

기여도를 작성한다.

기여도란 지원자가 갖춘 역량이 직무에 어떻게 적용될 것인가를 나타내는 것으로, 정성적 성과 다음에 연결되면 좋습니다. 경험에서 배우고 느낀 점인 정성적 성과로 마무리되어도 '이 사람은 앞으로 이런 역량을 활용하겠구나'라고 상상할 수 있지만, 기여도를 문장으로 제시해 줌으로써 지원자가 전달하고자 하는 것을 정확하게 인식시킬 수 있어요. 특히 직무에서 지원자가 주장한 핵심 키워드가 왜 필요하고 이것을 어떻게 활용할 수 있는지 구체적으로 작성하는 것이 중요합니다. 그러나 기여도는 스토리 전개, 혹은 글자수에 따라 생략도 가능합니다.

광탈이의 자소서 분석

광탈이의 자소서는 스토리텔링 작성법 7에 맞지만 연결성이 부족해요. 막연하게 '협동심이 업무를 수행하는데 도움이 된다'라고 작성하는 것은 기여도를 작성하는 의미가 없어요.

스토리텔링 작성법8

일관성 있게 작성한다.

용어 정리

일관성

하나의 방법이나 태도로써 처음부터 끝까지 한결같은 성질이다.

자소서를 작성한 후에는 *일관성을 확인해야 합니다.

자소서 일관성은 두 가지가 있어요.

첫째, 주장과 근거의 일관성입니다. 내가 주장한 핵심

문장과 주장을 뒷받침하는 근거는 반드시 일관성을 지녀야 해요. 또한 주장의 수와 순서도 맞아야 합니다. 예를 들어, 긍정성과 협동심을 주장했다면 근거로 긍정성의 경험, 협동심의 경험 순으로 작성해야 합니다.

둘째, 구조의 일관성입니다. 구조의 일관성이란 자소서 작성 형식을 일관성 있게 통일하는 것을 말해요. 문항에 제목을 작성한다면 모든 문항에 제목을 작성해야 합니다. 아래의 그림에서 왼쪽에 A처럼 제목의 형태가 동사, 명사로 일정하지 않는 것보다는 B처럼 명사로 통일하는 것이 좋습니다.

A	
1	전공분야를 학습하다.
2	자신의 발전은 도전속에 있다.
3	협업정신
4	목표의식으로 역경극복

➡

B	
1	전공분야 학습기
2	발전을 위한 도전
3	함께 노력하는 협업정신
4	목표의식으로 역경극복

또한 한 문항에서 첫째, 둘째, 셋째로 표현했다면 다른 문항에서도 첫째, 둘째, 셋째로 표현하는 것이 좋습니다. 이처럼 구조가 일관성이 있으면 자소서 자체가 정리된 느낌을 주며 읽는 사람에게도 다음 항목에 대해 예상을 할 수 있게 해주는 편안함을 줄 수 있어요.

광탈이의 자소서 분석

광탈이의 자소서는 스토리텔링 작성법 8에 맞지 않아요. 광탈이는 긍정적인 마인드와 협동심을 주장했으나 경험에서 긍정적인 마인드는 제시되지 않았어요. 우리가 흔히 할 수 있는 실수예요. 주장을 많이 하는 것이 중요한 것이 아니라 하나의 주장이라도 근거가 정확하게 맞는 것이 더 중요하죠.

▶ 〈표 3-1〉 스토리텔링 작성법에 맞춘 광탈이 자소서

스토리텔링	내용
교집합	협동심(기업의 인재상과 개인 강점에서의 공통 키워드)
주장 (두괄식)	저는 협동심이 강합니다.
재해석	그래서 좋을 결과가 나올 수 있도록 서로 도움을 주고 어려움이 있어도 함께 해결하려고 합니다.
경험	4학년 여름방학 때[A] 팀 프로젝트가 있었습니다.[S] 정해진 기간 안에 프로젝트를 완성하려면 6명의 팀원이 각자 맡은 부분을 잘 수행해야 하는데 저희 팀은 저를 제외한 5명이 비전공자였습니다. 그래서 역할을 나누어 진행하는데 어려움이 있었습니다.[M] 이 어려움을 해결하기 위해 6명이 진지하게 대화를 했습니다. 먼저 과제를 수행하기 위해 무엇이 필요한지를 정리하였고 그 정리한 내용에서 자신이 할 수 있는 부분을 스스로 선택했습니다. 선택한 부분에서 도움이 필요한 부분을 정리하여 매일 정해진 시간에 함께 공부하기로 했습니다. 초기에는 제가 팀원들에게 알려주는 방식이었으나 시간이 흐르면서 팀원들의 학습능력이 올라가 나중에는 제가 모르는 부분에서도 팀원들의 도움을 받을 수 있었습니다. 또한 서로를 도와주다 보니 자신이 맡은 부분 외에 전체를 이해할 수 있었습니다.[R]
성과	이런 노력의 결과로 A학점을 받았습니다.[정량적 성과] 또한 함께 프로젝트를 하면서 협동심의 중요성을 다시 한번 느끼는 계기가 되었습니다. 함께 일할 때에는 개인의 이익보다는 전체의 이익을 먼저 생각하는 것이 우선이며 이것이 결국 자신의 이익으로 돌아온다는 것을 알게 되었습니다. 또한 해결 안 될 것 같은 어려움도 함께 의논하고 노력하면 해결될 수 있으며 그 과정에서 자신보다는 상대를 도와주려는 마음이 중요하다는 것을 알게 되었습니다.[정성적 성과]
기여도	지원팀은 타 부서와 함께 결과를 도출하는 일이라고 생각합니다. 상대의 이익을 먼저 생각하고 상대를 도와주려는 협동심을 잘 발휘하여 상대가 일을 잘 할 수 있도록 지원자의 역할을 잘 하는 인재가 되겠습니다.
일관성	일관성(주장과 근거의 일치)이 있는가?

[글자수 공백 포함 781]

경험을 구체화하는 ASMR 기법 기억하시죠?

- A(At the time): **언제** (언제 했는가)
- S(Subject): **주제, 과목, 대상** (무엇을 했는가)
- M(Matter): **상황** (어떤 일이 일어났는가)
- R(Resolve): **해결** (해결했는가)

스토리텔링 작성법 연습

아래의 글을 읽고 질문에 답을 작성해 보세요.

초등학교 시절 과학의 날 행사로 고무동력기 경진대회에 흥미를 느껴 매년 출전했습니다. 아버지께서 직접 만들어 주시는 고무동력기로 대회에 출전했습니다. 초등학교 3학년 때 아버지께서는 이제는 직접 만들어 보라고 하셨습니다. 처음 만들어보는 고무동력기는 날개가 찢어지고 프로펠러가 깨지고 비행기 몸체가 부러지는 등 실패는 계속되었습니다. 구부정한 자세로 몇 시간을 만들다 보니 온몸에 통증이 오고 포기하고 싶다는 생각뿐 일 때 아버지께 도움을 요청했지만, 아버지는 혼자서 해낼 수 있다고 격려해주시고 도와주시지 않으셨습니다. 5번의 실패를 겪으며 도전한 끝에 고무 동력기를 완성하였고 경진대회에 출전하여 20명의 아이 중 2등을 하였습니다. 그때 느꼈던 뿌듯함과 성취감은 잊을 수가 없습니다. 아버지의 가르침 덕분에 자연스레 도전하는 재미를 알게 되었고, 어떤 일이든 난관에 봉착했을 때 과거의 경험을 회상하며 새로운 방법에 대해 끊임없는 도전을 했습니다.

Q1. [주장] 주장하는 핵심은 무엇인가요?

Q2. [재해석] 핵심 키워드를 재해석했나요?

Q3. [경험] 경험을 ASMR 기법에 맞추어 작성했나요?

Q4. [성과] 정량적 성과와 정성적 성과를 작성했나요? 했다면 구체적으로 작성했나요?

Q5. [기여도] 주장하는 핵심을 직무와 연결했다면 구체적으로 작성했나요?

Q6. [일관성] 주장과 경험이 일치했나요?

▶ 〈표 3-2〉 스토리텔링 작성법에 맞춘 연습 사례

스토리텔링	내용
교집합	도전 정신(기업의 핵심가치와 개인 가치에서의 공통 키워드)
주장 (두괄식)	저는 원하는 결과가 나올 때까지 끊임없이 시도해보는 도전 정신이 있습니다.
재해석	주장과 재해석을 함께 작성함
경험	초등학교 시절[A] 과학의 날 행사로 고무동력기 경진대회가 있었습니다.[S] 아버지께서 직접 만들어주는 고무동력기로 매년 출전했는데 초등학교 3학년 되던 해에 아버지께서는 이제는 직접 만들어 보라고 하셨습니다.[M] 저 또한 아버지가 만든 모습을 보며 아버지의 고무동력기와 똑같은 것을 만들어보고 싶었습니다. 하지만 마음과 다르게 처음 만들어보는 고무동력기는 어려웠습니다. 쉽게 날개가 찢어지고 프로펠러가 깨지고 비행기 몸체가 부러졌습니다. 구부정한 자세로 몇 시간을 만들다 보니 온몸에 통증이 오고 포기하고 싶다는 생각뿐일 때 아버지께 도움을 요청했지만 아버지는 혼자서 해낼 수 있다고 격려해 주시고 도와주시지는 않았습니다. 아버지가 고무동력기를 만들 때의 모습을 떠올리며 날개가 찢어지지 않도록, 프로펠러, 비행 몸체가 부서지지 않게, 단단하게 만드는 방법을 계속 시도한 결과 저만의 고무 동력기를 완성하였습니다.[R]
성과	이렇게 완성된 고무동력기를 가지고 경진대회에 출전하여 2등이라는 좋은 결과를 얻었습니다.[정량적 성과] 그때 느꼈던 뿌듯함과 성취감은 잊을 수 없었습니다. 아버지가 만든 고무동력기로 1등 한 적도 있었지만 스스로 원하는 결과를 얻기 위해 끊임없이 시도한 도전 자체가 저에게 의미가 있었고, 그것이 저의 삶에서 중요한 태도로 자리 잡았습니다.[정성적 성과]
기여도	저는 도전해 보고, 그 도전에서 원하는 결과가 나올 때까지 끊임없이 시도해보는 과정을 좋아합니다. 개발 직무는 새로운 기술을 익히고 활용하여 새로운 것에 도전하는 자세가 중요하다고 생각합니다. 앞으로 도전하는 자세로 조직 목표에 기여할 수 있는 인재가 되겠습니다.
일관성	일관성(주장과 근거의 일치)이 있는가?

[글자수 공백 포함 816]

02

기본 자소서 작성법

취업준비생: 자소서를 작성하려고 보니 두 가지 어려움이 있어요.

선생님: 어떤 어려움이 있나요?

취업준비생: 성장과정, 장단점, 입사 후 포부를 어떻게 작성해야 할지 모르겠어요. 또 앞에서 배운 스토리텔링 작성법과 연결을 못하겠어요.

선생님: 지금 질문한 두 가지는 당연히 있을 수 있는 어려움이에요. 성장과정, 장단점 등의 문항이 있는 자소서를 기본 자소서라고 합니다. 기본 자소서도 스토리텔링 작성법처럼 작성법이 따로 있어요. 기본 자소서 작성법을 알아야 스토리텔링 작성법을 연결할 수 있습니다.

취업준비생: 아~ 제가 아직 배우지 못해서 어려웠던 거네요.

선생님: 맞아요. 지금부터 배우면 바로 해결될 거예요.

성장과정

'엄하신 부모님 밑에서 1남 2녀의 막내로 태어났습니다. 부모님께서 모두 일을 하셔서, 초등학교 시절부터 혼자 지내는 일이 많았습니다. 중학교 시절에는……'

혹시 성장과정을 이렇게 작성하나요? 만약 이렇게 작성한다면 성장과정을 잘못 이해한 거예요. 성장과정은 학창 시절을 어떻게 보냈는지가 아니라 가치관의 성장을 말합니다. 기업은 지원자가 기업, 직무에 맞는지 확인하는 것이 중요하죠. 그것을 확인할 수 있는 방법 중의 하나가 '가치관'입니다. 사람들은 자신만의 가치관에 따라 생각하고 말하고 행동하게 됩니다. 때로는 가치관의 충돌로 개인이나, 조직과 갈등을 겪는 경우도 있죠. 따라서 가치관을 보면 그 사람의 특성을 잘 파악할 수 있습니다.

성장과정 작성법

"성장과정은 가치관이 무엇이며 이것이 형성하게 된 계기를 작성하는 것입니다."

가치관의 종류에는 삶의 가치관과 직무 가치관이 있어요. 삶의 가치관은 자신이 겪은 경험, 혹은 부모님, 선생님, 책, 위인 등 다른 사람의 영향으로 형성된 가치관이고, 직무 가치관은 직무를 수행할 때 적용되는 가치관이에요. 둘 중 한 가지를 선택했다면 스토리텔링 작성법에 맞추어 작성하면 됩니다. 이때 기업의 핵심가치와 교집합이 되는 가치를 찾습니다. 〈표 3-3〉, 〈표 3-4〉의 예시를 보면서 성장과정 작성법을 이해해 볼게요.

▶ 〈표 3-3〉 성장과정(삶의 가치관)

스토리텔링	성장과정	내용
주장(두괄식)	가치관	저는 모든 일에 신뢰 형성이 중요하며
재해석		이것은 약속을 잘 지키는 것에서부터 시작된다고 생각합니다.
경험	형성 계기	저희 아버지는 영업, 마케팅 분야의 일을 하셨습니다. 그 분야에서 오래 근무하시면서 늘 고객의 마음을 사로잡기 위해 노력하셨는데 그중에 하나가 고객과의 약속을 잘 지키는 것이었습니다. 이런 아버지의 말씀이 학교생활을 하면서 정말 중요하다고 느꼈습니다. 대학교 때[A] 높은 성적을 받은 전공과목에 한해서 튜터가 되어 튜티들을 가르치는 제도가 있었습니다. 후배들이 튜터가 되어 자신들을 가르쳐 달라고 부탁했고 저 또한 좋은 제도라고 생각하여 신청했습니다.[S] 그런데 많은 지원자들로 인해 저는 선정되지 못하였고 공식적으로 후배들을 가르칠 수 없었습니다.[M] 하지만 가르쳐 주기로 한 후배들과의 약속도 중요하다는 생각이 들어 지원금도 없이, 정해진 시간도 아닌 개인적 시간을 내어 후배들을 가르쳐주었습니다.[R]
성과	성과	자신들을 위해 노력하는 모습에 후배들도 열심히 수업에 참여하였고 모두 A라는 좋은 성적을 거둘 수 있었습니다.[정량적 성과] 또한 어떤 일이든 도와주는 든든한 조력자들도 얻을 수 있었습니다. 이 경험을 통해 사람 간의 약속을 지키는 것이 중요함을 다시 한번 느꼈고, 형성된 신뢰는 더 단단한 관계가 형성되어 나에게도 도움이 된다는 것을 느꼈습니다.[정성적 성과]
기여도	직무 활용	영업은 고객과의 신뢰가 중요하다고 생각합니다. 고객과의 약속을 지키는 것이 신뢰임을 명심하고 사소한 약속도 꼭 지키는 인재가 되도록 노력하겠습니다.
일관성	-	일관성(주장과 근거의 일치)이 있는가?

[글자수 공백 포함 713]

"삶의 가치관 : 가치관 + 형성 계기 + 성과 +직무 활용"

▶ 〈표 3-4〉 성장과정(직무 가치관)

스토리텔링	성장과정	내용
주장(두괄식)	가치관	남들과 다른, 과감한 시도로 도전 정신을 키워왔습니다.
재해석	필요성	개발은 새로운 기술에 대한 변화가 많으므로, 기존의 틀에서 벗어나 변화를 추구하는 것이 중요하다고 생각합니다.
경험	형성 계기	대학교 2학년 때[A] 주말농장 농작물 판매 앱을 제작하는 프로젝트가 있었습니다.[S] 농산물 직거래 플랫폼에서 상호 정보 교환을 위한 안정적인 서버 구축은 필수였습니다. 다른 팀은 실습실 컴퓨터의 서버를 사용했지만, 컴퓨터가 항상 켜져 있어야 하기에 지속적인 관리가 필요하다는 단점이 있었습니다.[M] 그러나 제가 속한 팀은 학교에 자주 올 수 없는 상황이었습니다. 이에, Amazon 기반 서버 사용을 제안했으나, 해당 분야에 능숙한 팀원이 없었기에 반대하는 의견도 있었습니다. 저는 클라우드 서버의 지속 가능성과 확장에 자유롭고 장소의 제약이 없다는 장점을 근거로 팀원들을 설득하며 DB 및 서버 구축 역할에 자원했습니다. 사용이 생소한 리눅스 환경 탓에 쉽지 않았으나 맡은 역할에 책임을 지고자 관련 서적을 찾고 여러 번의 시행착오를 거쳐 가며 개인적인 공부를 더했습니다. 그 결과, 한 달 만에 안정적 기반의 서버를 구축하고 이를 사용해 서버 연동에 성공했습니다. 서버 구축에 많은 시간이 소요됐지만, 해당 서버의 장점을 이용해 이후 과정에 속도를 더할 수 있었습니다.[R]
성과	성과	팀원들을 도와 앱 개발에도 적극 참여했고 최종적으로 전원이 A라는 높은 성적을 성취했습니다.[정량적 성과] 이를 통해 개발 환경에 맞는 새로운 기술을 추진하기 위해서는 기존의 틀에서 벗어나 도전을 해야 함을 알게 되었습니다.[정성적 성과]
기여도	-	직무관련성 가치관이므로 기여도는 중복되어 생략함
일관성	-	일관성(주장과 근거의 일치)이 있는가?

[글자수 공백 포함 768]

"직무 가치관 : 가치관 + 직무에서의 필요성 + 형성 계기 + 성과"

광탈이의 직무 적용 성장과정을 읽어보세요.

기계 설비를 하시는 아버지의 영향으로 어릴 적부터 기계에 대해 관심이 많았고, 고등학교 동아리 활동을 통해 블루투스를 이용한 무선조종 자동차를 제작하며, IoT에 흥미를 느끼게 되었습니다. 그러던 중 고등학교 3학년 때 진로에 대해 고민하게 되었고, 대학교에서 진행하는 학과박람회를 통해 보안학과에 대해 알게 되었습니다. 안드로이드 해킹 시연을 통해 공격자가 악성 코드가 담긴 파일을 업로드해서, 피해자 핸드폰으로 파일을 다운로드하고, 공격자의 컴퓨터에서 서버를 실행하면 공격자가 피해자 핸드폰을 해킹하여 사진도 찍을 수 있고 위치정보도 알아낼 수 있다는 사실은 매우 흥미로웠습니다. 그 뒤로 보안에 대해 알아보며 관심이 생기게 되었고, 이 경험을 통해 대학교 진로를 정보 보안학과로 정하게 되었습니다. 대학교 재학 중에는 부족한 부분을 채우기 위해 청년취업아카데미에서 진행하는 시큐어 코딩 과정을 들으며 시큐어 코딩 기초에 대해 배웠고, 학과에서 웹 애플리케이션 과목을 통해 웹 해킹 기초 및 웹 해킹 등 대응 방안을 배우며 해킹뿐만 아니라 공격에 대한 침해대응 과정에 대한 전문적인 지식에 대한 필요성을 느끼게 되었습니다. 그러던 중 전문 교육기관에 대해 알게 되었고 지금은 침해 대응 과정을 수강하고 있습니다.

문제점이 무엇일까요?

→ 광탈이는 자신이 어렸을 때부터 지금까지 이 직무에 관심이 있었던 것을 보여주고 있어요. 대부분 직무관련 성장과정을 작성하라고 하면 광탈이처럼 작성하는 경우가 많아요. 하지만 성장과정은 말 그대로 내가 성장한 과정을 보여주는 것이 아니라, 나의 가치관이 어떻게 성장했는지를 보여주는 것입니다.

'성장과정' 작성하기

양식은 '부록: 자소서노트 3.1~3.2 성장과정작성표'에 있습니다.

'삶의 가치관'과 '직무 가치관' 중 하나를 선택한다.

삶의 가치관인 경우

① 부록: 자소서노트 2.3 기업탐색표에서 작성한 내용 중 핵심가치를 확인한다.

② 부록: 자소서노트 2.6 가치탐색표에서 자신이 작성한 가치들 중 형성된 계기가 확실한 가치를 몇 개 선택한다.

③ ①과 ②에서 교집합이 되는 가치를 선택한다.

④ 부록: 자소서노트 3.1 성장과정작성표에 맞추어 작성한다. 이때 부록: 자소서노트 2.2 경험디자인표에서 맞는 경험이 있다면 찾아 활용한다.

직무 가치관인 경우

① 부록: 자소서노트 2.3 기업탐색표에서 작성한 내용 중 핵심가치를 확인한다.

② 부록: 자소서노트 2.6 가치탐색표에서 자신이 작성한 가치 중 직무에 필요한 가치를 몇 개 선택한다.

③ ①과 ②에서 교집합이 되는 가치를 선택한다.

④ 부록: 자소서노트 3.2 성장과정작성표에 맞추어 작성한다. 이때 부록: 자소서노트 2.2 경험디자인표에서 맞는 경험이 있다면 찾아 활용한다.

장단점

'신중하고 꼼꼼한 성격을 지닌 저는 항상 주어진 일에 최선을 다하며 한번 시작한 일은 끝을 맺어야 한다는 생각으로 끝까지 열심히 합니다…… 한편 지나친 신중함과 꼼꼼함은 시간이 오래 걸리는 단점이 있습니다.'

혹시 장단점을 이렇게 작성하나요? 장단점을 작성할 때 가장 쉽게 범하는 실수가 장점이자 단점이라고 작성하는 거예요. 기업은 지원자의 장점이 직무에서 어떻게 활용할 수 있는가를 알고 싶어합니다. 그런데 '장점을 잘 어필하고 이것이 단점이다'라고 언급을 하면 앞의 장점보다는 뒤의 단점이 더 드러나는 일이죠. 따라서 장단점을 작성할 때에는 장단점을 각각 분리해야 합니다.

장점 작성법

"장점은 자신의 장점과 장점을 활용한 경험, 장점이 직무에서 어떻게 활용되는지를 작성하는 것입니다."

장점 작성 시 고려해야 할 두 가지 사항이 있어요.

첫째, 장점을 작성하기 전에 강점 진단을 해보세요.

장점은 내가 잘하는 점을 기업에 바로 표현할 수 있는 중요한 문항입니다. 그런데 지원자들의 자소서를 보면 장점이 너무 비슷하여 차별화가 없는 경우가 많아요. 그래서 장점을 작성하기 전에 챕터2.5에서 언급했던 개인 강점을 진단하고 미리 작성한 강점탐색표를 보며 자신의 장점을 신중하게 생각해 보는 것이 좋아요. 특히 강점은 한 개가 아닙니다. 강점 진단에서 이미 여러 개의 강점을 찾았을 거에요. 1순위 강점을 작성하는 것도 좋지만 기업의 인재상(핵심가치)에 맞추어 보고 공통된 강점이 있다면 그 강점을 선택해서 작성하는 것이 좋아요.

둘째, 표현법에 신경 쓰세요.

장점을 작성할 때에는 표현법에 신경을 써주세요. 예를 들어, A기업의 인재상이 창의성이라면 모든 지원자들이 장점에 창의성을 작성하는 경우가 많아요. 자소서를 확인하는 담당자들이 너무 식상할 수 있죠. 그래서 재해석을 작성하지만 센스 있는 지원자들은 핵심 메시지에 약간의 변화를 줍니다. 창의성이라는 단어를 그냥 쓰기보다는 새로운 아이디어를 잘 낸다는 등의 표현으로 창의성이라는 단어를 바꾸어 표현합니다.

이렇게 두 가지를 고려했다면 스토리텔링 작성법에 맞추어 작성하면 됩니다. 〈표 3-5〉 장점의 예시를 보면서 장점 작성법에 대해 이해해 볼게요.

▶ 〈표 3-5〉 장점

스토리텔링	장점	내용
주장(두괄식)	장점	저는 타인에게 도움을 주려는 마음이 강합니다.
재해석		그래서 친구들이 어려움을 호소하거나 도움을 요청하는 경우 최대한 도와주려고 노력합니다.
경험	장점 활용 경험	졸업 후 OO를 배우기 위해 △△수업을 들었습니다.[A,S] 그 수업에 의외로 비전공자분들이 많았습니다. 전공자도 이해하기 어려운 수업이라서 비전공자분들이 이해하고 프로젝트를 수행하는 데 어려움이 있었습니다.[M] 저는 타인을 도와주려는 마음이 강하다 보니 먼저 제 주변의 비전공자분들에게 "제가 아는 부분에서 도움을 드릴까요?"라고 먼저 다가갔고 그분들은 감사하다며 도움을 받고싶다고 말했습니다. 그래서 수업이 끝날 때마다 30분의 시간을 두고 그날 수업에서 꼭 기억해야 되는 부분을 다시 설명해 주고 그분들이 이해가 되지 않는 부분을 이해가 될 때까지 설명해 주었습니다.[R]
성과	성과	이것을 통해 주변 동료분들과 친해졌고 서로에 대한 신뢰도 높아졌습니다. 또한 그분들에게 설명을 해줌으로써 스스로 정리되고 복습이 되었으며 제가 생각하지도 못했던 질문을 통해 새로운 관점에 대해 생각하는 계기도 되었습니다.[정성적 성과]
기여도	직무 활용	개발에서 협업은 중요한 역량입니다. 협업 시 서로 도움을 받기를 원한다면 일의 진행이 어려워지는 경우가 많습니다. 저는 저의 장점을 살려 먼저 도움을 주며 협업을 앞장서는 인재가 되도록 노력하겠습니다.
일관성	-	일관성(주장과 근거의 일치)이 있는가?

[글자수 공백 포함 549]

"장점 + 장점 활용 경험 + 성과 + 직무활용"

'장점' 작성하기

양식은 '부록: 자소서노트 3.3 장점작성표'에 있습니다.

① 부록: 자소서노트 2.3 기업탐색표에서 작성한 내용 중 인재상을 확인한다.

② 부록: 자소서노트 2.5 강점탐색표에 작성된 강점을 확인한다.

③ ①와 ②에서 교집합이 되는 단어를 선택한다.

④ 부록: 자소서노트 3.3 장점작성표 맞추어 작성한다. 이때 부록: 자소서노트 2.2 경험디자인표에서 맞는 경험이 있다면 찾아 활용한다.

⑤ 직무관련 강점인 경우 부록: 자소서노트 2.4 직무탐색표와 부록: 자소서노트 2.5 강점탐색표에서 교집합이 되는 키워드를 찾아 작성한다.

단점 작성법

"단점은 단점을 작성하고, 그 단점을 통해 어떤 어려움이 발생하였는지, 그 어려움을 극복하기 위한 방법을 구체적으로 작성하는 것입니다."

많은 지원자가 단점으로 무엇을 작성해야 할지 고민합니다. 너무 치명적이지 않으면서 중간을 유지할 수 있는 단점을 찾기 위해 노력하지만 어렵죠. 하지만 단점 작성에서는 단점이 무엇인지가 중요한 것은 아닙니다. 기업이 단점을 보는 이유는 지원자가 그 단점을 극복하기 위해 어떤 노력을 했는지를 보는 것입니다. 따라서 무슨 단점을 작성할 것인가에 집중하기보다는 어떻게 극복했고, 이것을 어떻게 구체적으로 작성할 수 있을까에 집중해주세요. 특히 극복 방법을 구체적으로 작성하기 위해서는 단점을 통한 어려움이 무엇인지를 먼저 생각해야 합니다.

단점 극복을 작성하는 방법은 두 가지가 있어요.

첫째, 한 가지 경험 사례에서 극복을 위해 어떻게 노력했는지 보여주는 것입니다.

둘째, 단점을 극복하기 위해 어떤 노력을 했는지 단계로 보여주는 것입니다.

단점과 단점을 통한 어려움, 극복 방법을 찾았다면 스토리텔링 작성법에 맞추어 작성하면 됩니다. 〈표3-6〉, 〈표3-7〉의 예시를 보면서 단점 작성법을 이해해 볼게요.

▶ 〈표 3-6〉 단점(한 가지 경험 사례 극복 방법)

스토리텔링	단점	내용
주장(두괄식)	단점	저는 잘 잊어버리는 단점이 있습니다
재해석	어려움	그래서 중요한 것을 놓쳐 실수를 하는 경우가 있었습니다.
경험	개선 방법	대학교3년 때[A] 옷 매장에서 아르바이트를 했습니다.[S] 아르바이트는 시간 단위로 일정이 나눠져 있고 그 일정을 그 시간에 하지 않으며 전체의 일이 틀어지는 경우가 많습니다. 그런데 제가 다음 일정을 잊고 업무를 수행하다가 모든 직원에게 피해를 준 적이 있었습니다.[M] 혼자 일을 할 때에는 잊어버려도 스스로 처리해서 큰 문제를 느끼지 못했는데 함께 일을 할 때에는 작은 실수가 다른 사람에게 큰 피해를 준다는 것을 알게 되었습니다. 이 경험을 통해 작은 하나라도 잊지 않으려고 수첩을 사용하였고, 일을 시작하기 전에 해야 할 일을 메모하며 일을 하면서도 잊은 일이 없나 메모를 확인하는 습관을 들였습니다.[R]
성과	-	-
기여도	다짐	아르바이트를 그만둔 후로도 수첩을 사용하여 잘 잊어버리는 단점을 극복하기 위해 노력하고 있습니다.
일관성	-	일관성(주장과 근거의 일치)이 있는가?

[글자수 공백 포함 447]

※경험에서 R(Resolve, 해결)이 성과가 됩니다.

"단점 + 단점을 통한 어려움 + 개선방법(한 가지 경험 사례) + 기여도(다짐)"

▶ 〈표 3-7〉 단점(단계별 극복 방법)

스토리텔링	단점	내용
주장(두괄식)	단점	저의 단점은 타인을 의식한다는 것입니다.
재해석	어려움	그래서 주도하는 상황을 피하거나, 의견을 제시하고 의견을 결정하는 상황에 어려움이 있었습니다.
경험	개선 방법	이러한 어려움을 보완하기 위해 크게 세 가지의 노력을 했습니다. 첫째, 주도하는 상황에 익숙해지기 위해 프로젝트 시 스스로 팀장을 맡아서 팀원들을 이끌어 보았습니다. 둘째, 의견을 잘 제시하기 위해 회의 전 주제를 정확히 파악하고 주제에 맞는 저의 생각과 궁금할 수 있는 상황을 미리 정리하고, 이것을 쉽게 표현할 수 있도록 연습을 하였습니다. 셋째, 의견에 대해 결정을 잘 하기 위해 타인의 이야기를 충분히 경청하였고 여러 의견의 장단점을 파악하여 객관성 있게 선택을 하려고 노력을 했으며, 결정한 후에는 후회나 미련을 두지 않았습니다. 저는 이러한 노력을 통해 저의 단점을 보완할 수 있었습니다.
성과	-	-
기여도	다짐	이를 통하여 직무에서도 주도적으로 행동하고, 자신의 생각을 잘 제시하며, 결정사항이 있을 때 좋은 결정을 할 수 있는 인재가 되겠습니다.
일관성	-	일관성(주장과 근거의 일치)이 있는가?

[글자수 공백 포함 447]

"단점 + 단점을 통한 어려움 + 개선방법(단계별)+ 기여도(다짐)"

'단점' 작성하기

양식은 '부록: 자소서노트 3.4 단점작성표'에 있습니다.

① 단점을 정하고 단점을 통해 어떤 어려움이 있었는지 생각한다.

② 개선 방법을 '한 가지 경험' 또는 '단계별'로 작성할 것인지를 선택한다.

③ 선택에 따라 부록: 자소서노트 3.4 단점작성표에 맞추어 작성한다. 이때 부록: 자소서노트 2.2 경험디자인표에서 맞는 경험이 있다면 찾아 활용한다.

지원 동기

"제가 초등학교 다니던 시절 급식비를 내던 은행은 OO였습니다. 6년 동안 OO은 저에게 친숙한 이름이 되었습니다."

"대학 입학 후 처음 접하는 프로그램 언어의 알고리즘과 코딩은 저에게 언제나 흥미를 유발하였고, 진로를 결정하게 되었습니다."

혹시 지원 동기를 이렇게 작성하나요? 지원 동기를 작성할 때 가장 쉽게 범하는 실수는 '어린 시절부터 지원 회사가 익숙하고 관심이 많았다' 또는 '초등학교 때부터 흥미를 갖게 되어 진로를 결정하게 되었다'라고 작성하는 것입니다. 기업이 진정으로 원하는 것은 추상적인 이야기 또는 홈페이지에 들어가서 누구나 찾을 수 있는 기업의 특징이 아닙니다. 지원하는 기업에 얼마나 관심이 있는지 즉, 관심이 있어야 알 수 있는 기업의 강점, 제품, 서비스의 차별화, 앞으로의 방향 등에서 무엇이 좋아서 지원했는지를 알고 싶은 거예요. 또한 직무에 관심도가 높았다면 어떤 계기가 있었고 어떤 관심이 생겼는지 구체적인 내용을 알고 싶은 것입니다. 지원자들의 입장에서 가장 어려워하는 항목이 지원동기이기 때문에 막연하게 작성하는 분들이 많아요. 지원동기를 구체적으로 작성하면 남들과 다른 자소서를 만들 수 있습니다.

지원 동기 작성법

"지원 동기는 지원한 이유를 작성하고 이유에 대한 설명을 구체적으로 작성하는 것입니다."

지원 동기를 작성하는 방법에는 두 가지가 있어요.

첫째, 기업 강점을 작성하는 것입니다.

① 지원한 기업의 주력, 추구하는 제품, 서비스 등을 말하고, 나도 이것에 관심이 있으며 이것을 잘 할 수 있는 역량이 있음을 강조한다.

② 지원한 회사의 가치, 목표가 나의 가치와 목표에 일치하며 이것을 잘 할 수 있는 역량이 있음을 강조한다.

③ 직무의 관심 계기와 직무에 필요한 역량을 잘 갖추고 있음을 강조한다(이것은 기업이 정해져 있지 않은 경우에 지원동기로 많이 활용됩니다).

셋 중에 하나를 선택하거나 세가지를 혼합하여 작성해도 됩니다.

둘째, 기업 보완점을 작성하는 것입니다. 보완이 필요한 부분을 언급하며 이 부분을 잘 할 수 있는 역량이 있음을 강조하는 거예요. 보완을 작성할 때에는 강점을 언급하고 보완을 언급하는 것이 좋아요. 특히 보완을 작성하는 것이 어렵기 때문에 이 부분을 작성한 분들의 자소서는 차별화가 느껴질 수밖에 없어요. 강점, 보완 영역을 선택했다면 스토리텔링 작성법에 맞추어 작성하면 됩니다. 〈표 3-8〉, 〈표 3-9〉의 예시를 보면서 지원동기 작성법을 이해해 볼게요.

▶ 〈표 3-8〉 지원동기(기업 강점: 기업 가치(목표)일치+직무역량)

스토리텔링	지원동기	내용
주장	지원 이유	저는 두 가지의 이유로 OO을 지원하게 되었습니다.
재해석	-	-
경험	기업 강점 (가치, 목표)	첫째, 저의 목표와 일치하는 회사에서 일하고 싶습니다. 회사의 인사말 중 '보안 전문 컨설팅 그룹으로써, 최고의 인력이 양질의 컨설팅 서비스를 제공하기 위해 끊임없이 연구하고, 발전하여'라는 문구를 보았습니다. 정보 보안을 비롯하여 IT에 대해 공부해오면서 항상 새로운 보안 위험이나 보안 기술이 떠오르면서 변화하는 환경을 위해 꾸준히 노력해야 함을 깨닫습니다. 그러면서 전공적으로 끊임없이 노력하여 보안 이슈에 대응할 수 있는 보안 인재가 되고 싶다는 생각을 가져왔습니다. 제가 가지고 있던 생각과 회사가 목표하고자 하는 이념이 일치하여 회사에 입사한다면 회사의 모의해킹과 취약점 진단 업무를 통해 제가 지금까지 배워온 모의해킹 지식, 기술을 배운 경험을 잘 발휘할 수 있을 것이라고 생각했습니다. 둘째, 기술 컨설팅 직무에서 필요한 역량을 갖추고 있습니다. 기술 컨설팅 직무에서 모의해킹을 통한 취약점 진단과 대응이 가장 필요한 역량입니다. 해킹 문제를 푸는 사이트 'Bee-Box'와 'Wargame'에서 SQL Injection, XSS 등 다양한 종류의 문제를 풀어보는 경험과 OWASP ZAP을 이용해 사이트의 취약점을 찾은 후 SQL Injection 공격으로 DB 목록을 추출해 보는 경험, 찾아낸 취약점을 보완하고 해킹 위협에 대응하기 위해 리눅스에서 Samba, FTP 등의 보안 설정 방법과 다른 IP로 접속을 허용하거나 차단하는 IP를 설정하는 방법을 익혔습니다. 또한 Sophos를 통해 네트워크별 보안 설정과 각 서버별 방화벽 설정을 한 경험이 있습니다. 이러한 역량을 회사 고객의 서비스에 대한 보안성을 향상시킴으로써 기여하고 싶습니다.
성과	-	-
기여도	직무 활용	기업 강점에서 설명하여 생략함
일관성	-	일관성(주장과 근거의 일치)이 있는가?

[글자수 공백 포함 827]

"기업 강점: 지원 이유 + 강점(기업의 제품, 서비스, 가치(목표)) + 직무 활용"

지원동기 작성시 주의점

"OO은 오래전부터 알약, 알집 등 여러 알 시리즈가 대중들에게 많은 인지도가 있고, 저 또한 프로그래밍에 관심을 가진 후 IT회사를 알아볼 때 제일 먼저 다음 사이트에서 검색을 해보게 된 회사입니다."

대부분의 지원자는 이 정도 회사 정보만을 작성하죠. 이 정보는 IT와 전혀 관련이 없는 저도 작성할 수 있는 수준입니다.

▶ 〈표 3-9〉 지원동기(기업 보완점: 기업 제품 보완점)

스토리텔링	지원동기	내용
주장	지원 이유	저는 셀프 인테리어를 특화하여 진행하고 싶어서 지원했습니다.
재해석	-	-
경험	기업 강점	○기업의 ○어플은 셀프 인테리어를 꿈꾸는 사람이라면 꼭 사용할 거라는 생각이 듭니다. 셀프 인테리어를 할 때 어려움 중 하나는 인테리어 소재(벽지, 가구, 소품)를 현재 공간에 배치할 때 머릿속으로 상상하는 것과 실제로 배치했을 때가 다르다는 것입니다. ○어플은 AR체험이 가능하여 고객의 어려움을 해결해줍니다. 가상(VR) 공간에서 가구 및 전반적인 배치 구조를 구성할 수 있어 빠르게 인테리어를 할 수 있고 사용자의 사용도 간편합니다.
	아쉬운 점	하지만 공간 측정 부분의 아쉬움이 있었습니다. 저는 ○어플과 같은 기능을 개발 중이며, 아쉬웠던 부분도 첨가하여 개발 중입니다. 유니티 엔진을 통한 ARCORE를 활용한 스마트폰 AR센서를 통해서 카메라로 보이는 바닥과 천장을 인식하고 그 공간의 폭 높이를 계산하여, 해당 공간에 대한 길이와 면적을 알 수 있게 되고 이 길이로 실제 가구 길이와 방 길이를 계산하여 가구 배치 시 공간이 모자라거나 과도하게 남는 일은 없게 될 것이며 추가적으로 바닥 부분이나 벽 부분을 실제 인테리어 업체에서 제공하는 톤의 이미지로 바꿔 볼 수 있게 개발 중에 있습니다.
성과	-	-
기여도	직무 활용	○사에 입사할 수 있는 기회를 주신다면, AR쪽에 중점을 맞추어 아무것도 갖추어지지 않은 집을 고객이 셀프 인테리어를 할 수 있도록 가상으로 벽지 바닥 천장 그리고 가상의 소재를 적용시켜 현실감 있게 보여줄 수 있는 셀프 인테리어를 특화하여 진행하고 싶습니다.
일관성	-	일관성(주장과 근거의 일치)이 있는가?

[글자수 공백 포함 711]

"기업 보완점: 지원 이유+ 강점(기업) + 아쉬운 점 + 직무 활용"

기업이 정해져있지 않은 경우 지원동기 작성

'사람인'과 같은 사이트에 자소서를 올리는 경우, 기업이 정해지지 않았기 때문에 기업의 강점, 보완점으로 작성할 수 없습니다. 이때는 직무역량으로 작성하면 됩니다. 특히 직무역량만을 강조하는 것 보다는 아래의 사례와 같이 직무 관심도를 '구체적인 경험과 목표'와 함께 제시하고 이 직무를 잘 하기 위한 역량이 있음을 강조하면 좋습니다.

"과거 영상통화 피싱과 협박이 성행하던 시기에 가까운 지인이 큰 피해를 입었습니다. 그 당시에는 그저 흥미로 공부를 시작했던 터라 보안 지식이 다소 부족했음에도 돕고 싶은 마음에 디컴파일과 소스 코드 분석에 처음 도전했습니다. 공격자에게 피해를 당한 약 40여 명의 휴대폰 연락처 백업 파일과 피싱을 하며 녹화 영상 파일들을 삭제한 경험이 있습니다. 막연한 생각으로 뛰어들었던 일이었지만 이 사건을 계기로 정보 보안 전문가라는 꿈이 생겼고, 지인뿐만 아니라 더 많은 사람들에게 보안 피해를 입지 않도록 해준 인물로 기억에 남고 싶다는 마음과 열정이 생겼습니다."

"직무역량: 직무관심 계기(구체적 경험과 목표) + 직무역량 + 직무 활용"

'지원동기' 작성하기

양식은 '부록: 자소서노트 3.5~3.6 지원동기작성표'에 있습니다.

① 기업의 강점, 보완점 중 하나를 선택한다.

② 부록: 자소서노트 2.3 기업탐색표 내용을 활용한다.

③ 부록: 자소서 노트 3.5~3.6 지원동기작성표에 맞추어 작성한다. 이때 부록: 자소서노트 2.2 경험디자인표에서 맞는 경험이 있다면 찾아 활용한다.

④ 기업이 정해져있지 않는 경우 부록: 자소서노트 3.5의 기업 강점을 직무 역량으로 바꾸어 작성한다.

입사 후 포부

"세상의 행복을 추구하는 개발자의 삶을 사는 것이 목표입니다."

"항상 최고를 위해 노력하는 신입사원이 되겠습니다."

혹시 입사 후 포부를 이렇게 작성하나요? 입사 후 포부를 작성할 때 가장 쉽게 범하는 실수는 추상적인 목표를 내세우거나 또는 신입사원의 다짐을 작성하는 것입니다.

기업은 지원자가 입사 후에 본인의 직무에 대해 어떤 목표를 가지고 있고 이 목표를 이루기 위한 단계별 계획이 있는지를 알고 싶어합니다. 왜냐하면 기업은 1년을 기준으로 목표를 세우고 그것을 잘 실행하는지 중간 점검을 하고 마지막에 평가가 이루어지는데 이것이 성과관리입니다. 성과관리에서는 직무에 맞는 최상의 목표를 세우고 이것을 잘 수행하기 위한 실행 계획이 중요하죠. 이것은 직장 생활의 기본입니다. 그러므로 입사 후 포부는 지원자가 성과관리의 개념이 있는지를 보는 것이죠. 단 기업의 성과관리와 차이점이 있다면, 단기 목표가 아닌 장기 목표를 보는 것입니다.

입사 후 포부 작성법

"입사 후 포부는 직무 목표를 구체적으로 작성하고 이것을 이루기 위해 준비해야 하는 단계를 연도별 혹은 단계별로 작성하는 것입니다."

기본 자소서 항목 중 지원동기와 입사 후 포부를 어려워하는 경우가 많아요. 특히 입사 후 포부가 어려운 이유는 직무 목표를 정하기 어렵기 때문이죠. 그런데 여기서 말하는 직무 목표는 특별한 것이 아니에요. 예를 들어 저의 직무 목표를 생각해보면, 저는 기업교육을 하는 강사로 '다양한 분야를 강의하여 기업이 원하는 맞춤 교육을 할 수 있는 강사가 되고 싶어요'가 저의 직무 목표가 되는 거에요. 이것을 이루기 위해서는 준비가 필요하겠죠. 이것을 단계별로 작성하는 것이 입사 후 포부입니다.

입사 후 포부를 작성하기 전에 내가 선택한 직무에서 어떤 사람이 되고 싶은지를 먼저 생각해보세요. 생각이 정리되면 그것이 목표가 되고, 그것을 이루기 위한 계획을 스토리텔링 작성법에 맞추어 작성하면 됩니다. 〈표 3-10〉의 예시를 보면서 지원동기 작성법을 이해해 볼게요.

▶ 〈표 3-10〉 입사 후 포부(단계별 직무 목표)

스토리텔링	입사 후 포부	내용
주장	목표	네트워크 보안 엔지니어로 성장하고 싶습니다.
재해석	-	목표 핵심 키워드가 정확하지 않은 경우 재해석을 함
경험	계획	네트워크 보안 엔지니어가 되기 위해서 3단계의 노력을 하겠습니다. 1단계는 네트워크의 다양한 프로토콜과 패킷에 대해서 분석하고 정보 보안에 대해 자기계발을 할 것입니다. 현재 네트워크는 수많은 프로토콜과 그에 따른 다양한 패킷이 있습니다. 자기 계발을 통하여 프로토콜과 패킷에 대해 분석하는 시간을 꾸준히 가질 것입니다. 특히 해당 프로토콜과 패킷에 대해 장단점을 파악하고 보안과 접목하여 해당 프로토콜들은 어떤 취약점이 있는지 분석하고 대응하는 방법에 대해 고민해 볼 것입니다. 또한 여러 네트워크 기술과 보안 기술과의 연관성을 알기 위해 네트워크 강연을 다닐 것이며, 정보 보안 자격증과 CCNP 자격증 갱신을 통하여 정보 보안과 네트워크 기술에 대해 앞서 나갈 수 있는 엔지니어가 될 것입니다. 2단계는 주어진 장비에 대해 배워 나갈 것입니다. O에서 지원해 주는 L2부터 L4 스위치 장비 회사의 제조사 교육에 책임 있게 참여하고 습득할 것입니다. 미래를 위해 나아가기 전 현재의 맡은 책임이 먼저이기에 맡은 임무를 책임 있게 수행하기 위해 교육을 성실하게 수행할 것입니다. 3단계는 다양한 프로젝트에 참여하여 경험을 쌓을 것입니다. O에서 프로젝트에 참여하여 다양한 계층의 스위치 장비를 운용해볼 것이며 방화벽 장비나 라우터 장비를 운용할 기회를 잡을 수 있다면 반드시 기회를 잡을 것입니다. 가상에서는 라우터가 흔한 장비이지만 실무에서는 라우터를 만지기 힘든 것으로 알고 있기에 특별한 기회가 생긴다면 반드시 잡아 운용하는 법과 구축하는 법을 습득하여 네트워크 장비에 대해 다방면으로 다재다능한 엔지니어가 될 것입니다.
성과	-	-
기여도	다짐	3단계의 노력으로 새로운 기술이 끊임없이 개발되는 미래를 주도하는 열정있고 유능한 네트워크 보안 엔지니어가 되겠습니다.
일관성	-	일관성(주장과 근거의 일치)이 있는가?

[글자수 공백 포함 946]

"직무 목표 + 단계별 계획 + 다짐"

광탈이의 입사 후 포부를 읽어보세요.

"입사 후, 저는 가장 먼저 같이 일하는 OO의 인재들에게 신뢰를 얻기 위해 노력할 것입니다. OO는 올바른 책임을 다하려는 인재들이 모여있다고 생각합니다. 그런 모습들을 본받고 인재들에게 신뢰를 받는 것이 입사 후 저의 가장 큰 목표입니다.
그러기 위해 먼저 항상 밝고 긍정적인 모습을 보이겠습니다. 이를 통해 긍정적인 효과를 주고 싶습니다. 또한, 저의 역량과 해당 직무에서 필요한 지식 그리고 업무 내용을 빠르게 파악하여 항상 최고를 위해 노력하는 신입사원이 되겠습니다.
입사 후 몇 년이 지나고 나면 OO의 구성원들과 함께 세상의 행복을 추구하는 개발자의 삶을 살고 있을 것입니다.
'당신이 어떤 것을 설명해 주지 못한다면, 그것은 진정으로 이해한 것이 아니다.'라는 말을 항상 가슴 깊이 새기고 앞으로 무엇인가 새로운 지식을 학습해 실무에 적용할 때에도 '대충'이 아닌 '정확한 이해'를 바탕으로 문제를 해결해 나가도록 해야겠다는 다짐을 가지고 업무에 임하며, 모든 고객이 믿고 신뢰할 수 있는 서비스가 될 수 있게 맡은 직무에 최고가 되도록 노력하겠습니다."

문제점이 무엇일까요?

→ 광탈이는 직무 목표가 아닌 신입사원으로서의 다짐을 작성한 것입니다. 입사 후 포부는 '다짐'이 주 내용이 아니라 '앞으로 직무에서의 목표와 계획' 그리고 '정리 차원의 다짐'이 들어가는 거예요.

지금까지 기본 자소서 작성법을 알아보았어요. 기본 자소서에서 기업이 따로 정해져 있지 않고 '사람인'과 같은 사이트에 자소서를 올릴 때에는 기업과의 교집합을 찾을 수 없기 때문에 자신의 내용만을 스토리텔링 작성법에 맞춰 작성하면 됩니다.

기본 자소서를 작성할 때 항목별 이것만은 기억해주세요!

자소서 항목	흔한 실수	방법 제안
성장과정	학창시절 성장 나열 직무 관심 계기 나열	• 삶의 가치관이 무엇이며 이것이 형성된 계기 작성 • 직무에 필요한 가치관이 무엇이며 왜 필요하고 이것이 형성된 계기 작성
장점	인재상에 맞춘 동일한 장점	• 동일한 단어를 다르게 표현하여 작성
단점	단점이 무엇인지에만 집중	• 단점을 극복하기 위해 노력한 방법에 집중하여 작성
지원동기	누구나 쉽게 알 수 있는 내용 나열 단순히 어린시절부터 관심이 많았음만 강조	• 기업의 강점이 나와 어떻게 일치하는지 작성 • 기업의 보완점이 무엇이고 자신이 그 부분을 어떻게 잘 할 수 있는지 작성 • 직무 관심 계기가 무엇이며 그것을 잘 할 수 있는 나의 역량이 무엇이 있는지 작성
입사 후 포부	추상적 목표 제시 신입사원의 다짐	• 직무에 대한 구체적 목표와 목표를 이루기 위한 단계별 구체적 계획 작성

자소서노트 작성법

'입사 후 포부' 작성하기

양식은 '부록: 자소서노트 3.7 입사 후 포부작성표'에 있습니다.

① 직무가 하는 일을 잘 생각해 보고 직무 목표를 정한다.

② 부록: 자소서노트 3.7 입사 후 포부작성표에 맞추어 작성한다.

03

기업별 자소서 작성법

취업준비생: 요즘은 기업마다 자소서 문항이 달라요.

선생님: 맞아요. 요즘 자소서는 2가지 형태가 있습니다. 챕터3. 2에서 다루었던 '기본 자소서'와 기업 마다 문항이 다른 '기업별 자소서'가 있어요. 얼마 전 '급'이라는 제목으로 메일이 왔습니다. '협업에 대해 작성하라고 하는데 어떻게 작성해야 할지 모르겠어요'라는 글과 관련 자소서 문항이 적혀 있었죠. '공동의 목표 달성을 위한 협업 경험을 본인이 수행한 역할 중심으로 제시하고 해당 경험을 통해 무엇을 얻었는지 기술해 주십시오'라는 문항이었어요. 이와 같은 자소서가 바로 '기업별 자소서'입니다.

취업준비생: 기업별 자소서는 기본 자소서보다 더 복잡하고 어려워요.

선생님: 맞아요. 기업별 자소서는 우리 입장에서 너무 어렵고 복잡하죠. 기업은 이런 복잡한 자소서를 왜 사용할까요?

기업이 기업별 자소서를 선택하는 이유는 기업마다 미션과 가치가 다르므로 원하는 인재도 다르고 지원자에게 궁금한 요소도 다릅니다. 하지만 기본 자소서로는 이런 궁금한 사항을 알기가 너무 부족하죠. 그래서 기업이 지원자에게 원하는 것을 직접적으로 표현한 것이 기업별 자소서입니다. 문서로 보는 면접과 같아요. 그런데 면접보다 더 어렵게 느껴질 거예요. 면접에서는 메인 질문을 하고 답변을 들은 후 궁금한 것을 질문하는 형태라면, 기업별 자소서는 메인 질문과 궁금할 수 있는 후속 질문을 한꺼번에 문항에 다 표현했거든요. 당연히 어렵고 복잡할 수밖에 없어요. 하지만 걱정할 필요 없어요. 기본 자소서도 어려웠지만, 방향을 잡았듯이 기업별 자소서도 작성법을 배우면 나만의 방향을 잡을 수 있어요. 지금부터 작성법을 알아볼게요.

'자신에게 부여된 일을 달성하기 위해 어려움을 참고 극복했던 경험을 작성하시오(여기에 일을 어떤 과정으로 인식하고, 어떤 전략을 세웠으며, 차후 해결 방법이 무엇이었는지 구체적으로 제시하시오).'

위의 문항은 어려움을 참고 극복했던 경험을 작성하는 것입니다. 여기서 주의할 점은 첫 문장을 보고 어려움을 참고 극복했던 경험을 바로 작성하는 것이 아니에요. 기업별 자소서의 특징은 어떻게 작성해야 하는지가 구체적으로 나와 있어요. 따라서 자신의 스타일로 스토리를 전개하는 것이 아니라 기업이 알려준 구성에 맞추어 작성하는 것이 중요합니다. 이때 문항에서 제시된 단어들 '부여된 일, 인식, 전략' 등은 내용에서 표현해야 합니다.

광탈이의 기업별 자소서를 읽어보세요.

자발적으로 최고 수준의 목표를 세우고 끈질기게 성취한 경험에 대해 서술해 주십시오.
(본인이 설정한 목표/ 목표의 수립 과정/ 처음에 생각했던 목표 달성 가능성/ 수행 과정에서 부딪힌 장애물 및 그 때의 감정(생각)/ 목표 달성을 위한 구체적 노력/ 실제 결과/ 경험의 진실성을 증명할 수 있는 근거가 잘 드러나도록 기술) (700~1,000자 10단락 이내)

'노력만큼은 A+ 처럼' 전공 첫 학기, 회로이론 수업을 수강하였습니다. V=IR도 모르는 상태에서, 영어로 진행되는 강의를 듣는 것은 저에게 큰 어려움으로 다가왔습니다. 첫 퀴즈를 본다는 말에 『회로이론』 책을 붙잡고 새벽 3시까지 도서관에 앉아 공부를 했지만, 노력이 무색하게도 0점을 받았습니다. 그때, 학교 게시판에 1:1 튜터링을 모집하고 있다는 글을 보게 되었고, 수업을 이해하고 싶다는 절실함에 신청서를 제출했습니다. 튜터와의 첫 만남에서 튜터의 첫 마디는 "A+ 만들어 드리겠습니다"였습니다. 첫 퀴즈 0점을 받은 상태에서 A+ 성적은 먼 산처럼 보였지만, A+ 받을 만큼 노력해보자는 의미에서 '회로이론 A+'이라는 목표를 세웠습니다. 일주일에 2시간씩 튜터의 설명을 듣고, 교수님의 설명을 들으니 수업이 이해되기 시작했습니다. 또한, 수업시간에 손을 들어 모르는 부분에 대해 자신 있게 질문도 하며, 수업시간을 최대한 내 시간으로 활용하였습니다. 무엇보다 전류의 방향을 정하고, KVL, KCL 개념을 도입해서 회로도를 분석하는 일은 재미있게 다가왔습니다. 퀴즈와 시험을 대비해, 매일 3시간씩 『회로이론』 책에 수록된 문제들을 차근차근 풀어나갔습니다. 풀리지 않는 부분이 있을 때, 모르는 부분과 지금까지 풀이했던 과정을 함께 정리하여 교수님과 튜터에게 물어보며 그에 대한 답을 얻었습니다. 또한, 여러 번 문제를 풀기 위해 공책에 풀이과정을 적었고, 문제 난이도를 정해 문제 번호 옆에 동그라미, 세모, 엑스로 표시하였습니다. 뿐만 아니라, 바를 정(正) 모양으로 이 문제를 몇 번 풀어보았는지 표시해 두었습니다. 시험 기간에는 어려웠던 문제 중 다시 한 번 풀어보면 좋은 문제들을 하이라이트 표시해 두어 부족한 부분을 중점적으로 공부했습니다. 그 결과, 『회로이론』 책에 수록된 모든 문제를 3번 이상 풀어보았고, 퀴즈 성적이 점점 오를 뿐 아니라 마지막 기말고사에서는 만점을 받는 쾌거를 이룰 수 있었습니다.

문제점이 무엇일까요?

→ 이 글의 가장 큰 문제는 스토리 전개가 '문항에서 제시된 순서가 아니라는 것'입니다. 아무리 잘 작성하여도 구성이 맞지 않으면 다른 내용을 작성한 것처럼 느낄 수 있어요. 스토리텔링 작성법 중 '나와 기업의 교집합'을 찾아라 기억나시죠? 기업별 자소서에서 교집합이란 나의 이야기를 기업이 원하는 구성에 맞추어 작성하는 것입니다.

항목별 문항 작성법

기업마다 문항은 다르지만 자세히 보면 비슷한 문항들이 많아요. 상세한 내용은 다를 수 있지만 이 문항에서 알고자 하는 것은 비슷하죠. 이런 비슷한 문항들을 묶어 4가지 작성법으로 설명해 드리겠습니다.

협업 문항 작성법

'공동의 목표 달성을 위한 협업 경험을 본인이 수행한 역할 중심으로 제시하고, 해당 경험을 통해 무엇을 얻었는지 기술해 주십시오.'_KT

'혼자 하기 어려운 일에서 다양한 자원활용, 타인의 협력을 최대한으로 이끌어 내며 팀워크를 발휘하여 공동의 목표 달성에 기여한 경험에 대해 서술해 주십시오. (관련된 사람들의 관계 및 역할/ 혼자 하기 어렵다고 판단한 이유/ 목표 설정 과정/ 자원 활용 계획 및 행동/ 구성원들의 참여도 및 의견 차이/ 그에 대한 대응 및 협조를 이끌어 내기 위한 구체적 행동/ 목표 달성 정도 및 본인의 기여도 / 경험의 진실성을 증명할 수 있는 근거가 잘 드러나도록 기술)'_SK

'본인이 속한 조직 또는 팀의 목표를 이해하고 달성하기 위해 노력했던 경험과 그 과정에서 수행한 역할, 이를

통해 얻은 것은 무엇인지 기술해 주시기 바랍니다.'_한국동서발전

위의 예시 문항들은 공통적으로 공동의 목표, 수행한 역할, 과정에서 얻은 것이 무엇인가를 묻고 있습니다. 즉, 협업을 풀어가는 것은 기업마다 차이가 있지만 협업에 꼭 들어가야 할 기본 지표가 있다는 것이죠. 챕터2에 역량 사전이 있습니다(p. 107-108 참조). 이 역량 사전에서 '협동력'의 정의를 보면 '다른 조직원들과 힘을 합하여 공동의 목표를 추구하고 시너지를 발휘하는 역량이다'라고 되어 있어요. 그 구체적인 행동 지표를 보면, '공동의 목표를 이해하고 자신의 역할을 파악한다,' '공동의 목표를 위해 정보와 자원을 적극적으로 공유한다,' '발생되는 갈등을 해소한다'입니다. 이 3가지 요소들이 협업에서 꼭 강조되는 것들입니다. 따라서 협업을 묻는 문항에서는 아래의 요소를 기반으로 작성되어야 합니다.

- 공동의 목표는 무엇인가?
- 목표를 이루기 위해 어떤 역할이 있고, 역할에서 내가 맡은 부분은 무엇인가?
- 역할을 수행하면서 얻은 정성적 성과는 무엇인가?
- 함께 시너지를 발휘한 것은 무엇인가?
- 협업하는 경우 갈등이 일어날 수 있는데, 이 부분에 대해 어떻게 해결해서 성과를 창출했는가?

협업의 중요 요소를 알았다면 이것에 맞추어 광탈이의 자소서를 수정해볼까요?

다른 입장이나 의견을 가진 사람들과 공동으로 수행한 작업에서 성과를 창출한 경험에 대해서 서술하시오.
(최근 5년 이내의 경험으로 작성할 것/ 구성원들의 다른 입장 또는 의견/ 의견 차이가 발생한 이유/ 성과 창출을 위해 기울인 노력/ 성과의 내용 및 효과가 객관적으로 드러나게 작성할 것(700자 10단락 이내)')

기업별 자소서 작성의 시작은 자소서 문항의 핵심을 표로 구성하여 내용을 작성하는 것입니다. 표를 작성하여 내용을 정리하면 기업이 원하는 구성을 잘 맞추어 작성할 수 있어요. 〈표 3-11〉은 광탈이의 협업 문항 자소서 내용을 표로 만들어 구성한 것입니다. 어떤 점이 부족한지 확인해 보세요. 〈표 3-12〉는 부족한 점을 보완하여 수정한 자소서 입니다.

▶ 〈표 3-11〉 광탈이의 협업 문항 자소서

문항 핵심	내용
• 공동으로 수행한 작업(5년 이내 경험)	'교토' 지역에 대해 팀원들과 발표 준비를 한 적이 있었습니다. *언제, 어떤 프로젝트, 공동의 목표가 제시되어야 합니다.
• 다른 입장 또는 의견(의견 차이 발생 이유)	발표 주제에 대해 '관광' 중심으로 발표할지, '역사' 관점으로 발표할지 의견이 나뉘었습니다. 저는 '역사파' 였습니다. 관광은 가벼운 내용으로 흥미를 유발하고 실용적인 지식을 전달할 것이고 역사는 그 지역의 오랜 과거를 들려주며 관광에 의미를 주는 것이었습니다. *다른 의견 차이는 제시 되었습니다.

• 성과 창출을 위해 기울인 노력	저는 교통 편과 주변의 볼거리 등은 쉽게 알게 되기 마련인데 역사는 모르는 경우가 많음을 이야기했습니다. 그리고 발표를 들은 누군가가 그곳에 방문했을 때 역사를 떠올리면 문화와 지형 등을 이해하는 데 도움이 되지 않을까 란 의견을 제시했습니다. 조원들은 제 의견에 수긍해 주었습니다. 전 양질의 발표를 위해서 역사 책을 빌려보고 괜찮은 지식들과 발표 시 유의사항 등을 공유하고 지적했습니다. 발표 전에 다 같이 만나 제한 시간에 맞춰 연습해보자고 제안하기도 했습니다. *의견차이를 없애기 위한 노력이 구체적으로 제시 되지 않았습니다.
• 성과(효과가 객관적)	준비했던 것만큼 발표를 잘 마칠 수 있었고, 여러 주제를 조사했던 조보다 교수님께 좋은 평가를 들을 수 있었습니다. *효과를 객관적으로 표현하기 위해서는 구체적인 학점이 필요합니다. 교수님께 받은 피드백도 구체적으로 작성하면 좋겠죠.

▶ 〈표 3-12〉 수정한 자소서

스토리텔링 / 문항 핵심		내용
주장		-
재해석		-
경험	• 공동으로 수행한 작업(5년 이내 경험)	대학교 3학년 때[A] O 수업에서 교토 지역에 대해 발표하는 과제가 있었습니다.[S] 저희 팀은 모두가 발표에 참여 하는 것이 목표였습니다.
	• 다른 입장 또는 의견(의견 차이 발생 이유)	이런 목표를 달성하기 위해 먼저 교토라는 지역에 대해 어떤 내용을 발표할 지에 대해 의논했습니다. 의논하는 가운데 청중에게 전달하는 가치의 차이로 '관광'과 '역사'중심 발표로 의견이 나뉘게 되었습니다.[M]
	• 성과 창출을 위해 기울인 노력	저희는 의견 차이를 해결하기 위해 두 가지 의견에 대해 팀을 나누고 그 중요성에 대해 팀별 발표를 먼저 하기로 했습니다. 저는 다른 한 명과 역사 중심의 발표를 준비했습니다. 자료를 찾는 중에 '여행에서 역사를 알고 싶어 한다'는 설문 조사를 찾게 되어 객관적 자료를 뒷받침했습니다. 이틀 후 회의 때 객관적 자료와 사례를 통해 다른팀의 마음을 사로잡았습니다. '역사' 중심 발표로 의견이 통합된 후 발표 자료를 만들기 위해 전체 팀원은 자료 수집에 집중했습니다. 책, 인터넷 등으로 자료를 모으고 어려운 내용은 이해하기 쉽게 사진을 첨부하며 만들었습니다. 자료를 만든 후 4명이 파트를 나누어 함께 발표하는 연습도 했습니다.[R]
성과	• 성과(효과가 객관적)	이렇게 연습하고 노력한 결과 A학점을 받을 수 있었고 교수님께 여러 주제를 조사했던 다른 조에 비해 주제도 방향성이 명확하고 발표 자료에 사진도 많아 이해하기도 좋고 팀원 모두 발표하는 모습이 좋았다는 피드백을 받았습니다.
기여도		-
일관성		일관성(주장과 근거의 일치)이 있는가?

[글자수 공백 포함 664]

위의 수정한 자소서를 보면 알 수 있듯이, 스토리텔링 작성법에서 '경험'만 강조되어 작성되었어요. 기업별 자소서는 자소서 문항 자체가 '경험'을 물었기 때문에 문항에 맞게 작성하면 됩니다. 또한 기업별 자소서는 글자 수 제한이 되어 있어요. 처음부터 글자 수 제한을 생각하고 작성하면 좋은 글을 작성할 수 없어요. 먼저 내용을 충실하게 작성한 후 글자 수 세기를 활용하여 제한된 글자 수로 정리하면 됩니다. 광탈이의 수정한 글도 1,000자로 작성했는데 읽고 빼면서 공백 포함 664자로 맞추었어요. 글자 수를 맞춘 다음, 표에 작성한 내용을 복사하여 자소서 문항에 정리하면 됩니다.

소통 문항 작성법

소통 문항은 협업 문항과 비슷합니다. 차이점이 있다면 '협업은 다른 조직원들과 힘을 합하는 것'에 초점을 맞추고 '소통은 어떻게 소통했는가'에 초점을 맞춥니다. 챕터2. 역량사전에서(p. 107-108 참조) 의사소통의 정의와 행동지표를 참고하여 무엇이 중요한지를 이해하고 작성하면 됩니다.

목표 달성 문항 작성법

도전적인 목표를 정하고 열정적으로 일을 추진했던 경험을 구체적으로 기술해 주십시오.
(일을 추진해 나가는 데 있어서 어려웠던 점과 그 결과

에 대해서 중점적으로 기술해 주시기 바랍니다.)_LG

대학시절 높은 목표를 세우고, 목표 달성을 위해 노력했던 경험에 대해 작성해 주세요.
(목표를 세운 계기, 과정과 결과 어려웠던 점 및 극복 방안 등을 포함하여 구체적으로 작성해 주세요.)_CJ

더 높은 목표를 세워 달성하는 과정에서 느꼈던 한계는 무엇이고, 이를 극복하기 위해 기울였던 노력과 결과를 구체적인 사례를 바탕으로 말씀해 주세요. _우리은행

기업에서 성과를 측정하기 위해 가장 먼저 하는 일은 '목표 계획'입니다. 목표를 세울 때에는 최대한 내 수준보다 높은 목표를 지향하고 도전을 하게 되죠. 이렇게 높은 목표를 도전하다 보면 어려움이 생길 수밖에 없고 이것을 극복하기 위한 노력을 하게 됩니다. 따라서 목표를 묻는 문항에서는 아래의 요소가 작성되어야 합니다.

- 목표가 있는가? (내 수준보다 높은 목표)
- 목표를 이루는 과정에서 어려움은 무엇인가?
- 어려움을 극복하는 방법은 무엇인가?
- 목표에 대한 결과는 이루어졌는가?

목표의 중요 요소를 알았다면 이것에 맞추어 광탈이

의 자소서를 수정해볼까요?

〈표 3-13〉은 광탈이의 목표 달성 문항 자소서 내용을 표로 만들어 구성한 것입니다. 어떤 점이 부족한지 확인해 보세요. 〈표 3-14〉는 부족한 점을 보완하여 수정한 자소서 입니다.

> 자발적으로 최고 수준의 목표를 세우고 끈질기게 성취한 경험에 대해 서술해 주십시오.
> (본인이 설정한 목표/ 목표의 수립 과정/ 처음에 생각했던 목표 달성 가능성/ 수행 과정에서 부딪힌 장애물 및 그 때의 감정/ 목표 달성을 위한 구체적 노력/ 실제 결과/ 경험의 진실성을 증명할 수 있는 근거가 잘 들어나도록 기술) 700~800자.

▶ 〈표 3-13〉 광탈이의 목표 달성 문항 자소서

문항 핵심	내용
• 본인이 설정한 목표 • 목표의 수립 과정 • 처음에 생각했던 목표 달성 가능성	60일 동안 자전거를 타고 전국 방방곡곡을 대장정한 경험이 있습니다. 제주도에서 시작해 강화도까지 도달하는 것을 목표로 하였습니다. 물론 단순히 강화도까지 가는 것만을 목표로 했다면 10일이면 충분했을 것입니다. 그러나 제가 사는 제 눈앞에 있는 세상은 너무 좁았고 한국의 모든 곳을 도전해 보고 싶었습니다. *목표는 설정되었지만 목표를 수립한 과정, 달성 가능성에 대한 언급이 없습니다.
• 수행 과정에서 부딪힌 장애물 및 그때의 감정 • 목표 달성을 위한 구체적 노력	그러나 대장정 하는 동안 어려운 상황이 많았습니다. 어려운 상황 때마다 다양한 사람들의 많은 도움을 받아 여정을 이어갈 수 있기도 했습니다. 이외에도 많은 고생이 있었지만 포기하고 싶었던 적은 단 한 번도 없었습니다. *수행 과정 시 장애물과 감정, 구체적 노력이 전혀 언급되지 않았습니다. 추상적으로 마무리 되었어요.
• 실제 결과	그리고 실제로 저의 인생에서 가장 큰 보상이 되어 새로운 도전을 시작할 때 포기하지 않고 끝까지 해내게 하는 원동력이 되었습니다. 또한 대장정을 하는 동안 가치관과 세상을 보는 눈이 기존과는 많이 달라졌습니다. *목표한 것에 대한 실제 결과에 대한 언급이 없습니다.

▶ 〈표 3-14〉 수정한 자소서

스토리텔링 / 문항 핵심		내용
주장		-
재해석		-
경험	• 본인이 설정한 목표 • 목표의 수립 과정 • 처음에 생각했던 목표 달성 가능성	대학교 2학년 때[A] 전국을 대장정한 경험이 있습니다.[S] 저의 목표는 60일 동안 자전거를 타고 전국을 여행하는 것이었습니다. 처음에는 자전거 타고 여행하는 것이 좋아서 강화도까지 목표로 정했지만 더 많은 곳을 가보고 싶다는 생각에 60일 동안 강화도에서 제주도까지 전국을 여행하며 숙박은 캠핑장에서 해결하는 것으로 목표를 세웠습니다. '목표를 세우면서도 정말 할 수 있을까'라는 걱정이 많이 되었지만 한번 시작한 것은 끝까지 마무리 짓는 성격이라 80% 이상은 달성할 수 있을 거라 확신했습니다.
	• 수행 과정에서 부딪힌 장애물 및 그때의 감정 • 목표 달성을 위한 구체적 노력	그러나 여정을 진행하면서 생각하지도 못한 어려움이 많았습니다.[M] 혼자 여행을 해본 적이 없어 텐트 설치조차 어려웠고 조언을 해줄 사람도 없어서 막막했습니다. 그러나 더 큰 어려움은 체력이었습니다. 매일같이 자전거로 이동하는 것과 숙박의 불편함, 이런 모든 것이 겹쳐 많이 아픈 적도 있었습니다. 약으로 치료되지 않아 병원 진료를 받으면서 정말 할 수 있을까 걱정으로 포기하고 싶은 마음이 컸지만 다시 목표를 생각하며 마음을 다 잡고 휴식하며 체력을 보충했습니다. 특히 어려움이 있을 때마다 좋은 사람들을 만나 도움을 받을 수 있었습니다.[R]
성과	• 실제 결과	결국 많은 사람들의 도움과 저의 노력으로 60일의 대장정을 무사히 마무리하였습니다. 처음에 목표했던 강화도에서 제주도까지, 숙박 모두 이루었지만 60일이라는 목표는 5일 더 추가되어 65일에 마무리되었습니다. 100% 모든 것을 이루지는 못했지만 이 경험을 통해 새로운 도전을 포기하지 않고 끝까지 해낼 수 있다는 자신감을 얻었고 타인의 도움받기를 좋아하지 않았던 저의 가치관이 바뀌게 되었습니다.
기여도		-
일관성		일관성(주장과 근거의 일치)이 있는가?

[글자수 공백 포함 799]

성공 혹은 실패 문항 작성법

성공 혹은 실패한 경험을 작성하는 문항은 목표 관련 문항과 비슷합니다. 목표를 세워 이루기 위해 노력하는 과정에서 결과가 성공 또는 실패로 나올 수 있기 때문이죠. 이때 정성적 성과도 꼭 작성해야 합니다. 성공과 실패 경험에서 무엇을 느꼈는지가 중요하며 이것이 그 사람의 가치관이 될 수 있기 때문입니다. 특히 성공 경험을 작성하는 경우 사람에 따라 성공의 정의가 다를 수 있으니 본인이 생각하는 성공이 무엇인지 재해석을 하고 시작하는 것도 좋습니다.

창의성 관련 문항 작성법

> 새로운 것을 접목하거나 남다른 아이디어를 통해 문제를 개선했던 경험에 대해 서술해 주십시오.
> (기본 방식과 본인이 시도한 방식의 차이/ 새로운 시도를 하게 된 계기/ 새로운 시도를 했을 때의 주변 반응/ 새로운 시도를 위해 감수해야 했던 점/ 구체적인 실행 과정 및 결과/ 경험의 진실성을 증명할 수 있는 근거가 잘 드러나도록 기술)_SK
> 남들과 다른 생각으로 새로운 시도를 하였거나, 기존의 것을 획기적으로 바꾼 경험이 있다면 이야기해주십시오._한국남부발전

창의성과 관련된 문항이 많이 출제되고 있어요. 그만큼 기업에서 창의성을 중요하게 생각하고 있죠. 가끔 창의성을 개발과 관련된 부서에서만 필요하다고 생각하는 분들이 있는데 창의성은 우리가 하는 모든 업무와 관련이 있습니다.

챕터2 '역량 사전'(p. 107-108 참조)에서 '창의력'에 대한 정의를 보면, '창의력은 기존의 관념에서 벗어나 여러 관점에서 사고 하여 새로운 아이디어를 제안하는 역량'이죠. 즉, 기존의 관념에서 벗어나 여러 관점에서 사고하는 것은 모든 업무에 필요한 역량입니다. 예를 들어, 구매 기획을 한다고 했을 때 가장 중요한 요소 중의 하나는 가격이

죠. 구매하는 사람은 최저 가격으로 좋은 품질의 제품을 사고 싶어합니다. 하지만 현실에서는 최저 가격으로 업체를 결정하면 낮은 품질의 제품을 선택해야 한다는 문제점이 생길 수 있어요. 이상과 현실을 좁히기 위해 최저 가격과 가깝지만 품질도 괜찮은 업체를 어떻게 선정할지 창의적 방안을 생각하고 그에 대한 계획을 세우고 실행하는 능력이 '창의성'입니다.

창의성을 묻는 문항에서는 아래의 요소가 작성되어야 한다.

- 남들과 다르게 생각한 것이 있는가?
- 기존의 틀을 바꾼 적이 있는가?
- 그에 대한 문제점, 해결방안을 생각했는가?

창의성의 중요 요소를 알았다면 이것에 맞추어 광탈이의 자소서를 수정해볼까요?

〈표 3-15〉는 광탈이의 창의성 문항 자소서 내용을 표로 만들어 구성한 것입니다. 어떤 점이 부족한지 확인해 보세요. 〈표 3-16〉은 부족한 점을 보완하여 수정한 자소서 입니다.

새로운 것을 접목하거나 남다른 아이디어를 통해 문제를 개선했던 경험에 대해 서술해 주십시오.
(기본 방식과 본인이 시도한 방식의 차이/ 새로운 시도

를 하게 된 계기/ 새로운 시도를 했을 때의 주변 반응/ 새로운 시도를 위해 감수해야 했던 점/ 구체적인 실행 과정 및 결과/ 경험의 진실성을 증명할 수 있는 근거가 잘 드러나도록 기술) 700자.

▶ 〈표 3-15〉 광탈이의 창의성 문항 자소서

문항 핵심	내용
• 기본 방식과 본인이 시도한 방식의 차이 • 새로운 시도를 하게 된 계기 • 새로운 시도를 했을 때의 주변 반응	작년 스파오라는 의류 브랜드에서 약 4개월간 재고팀에서 아르바이트를 했습니다. 재고팀 일은 아침에 입고된 옷들의 수량을 확인하고 그 옷들을 홀 직원들이 찾기 쉽게 창고에 정리하는 것입니다. 옷 종류의 구분 없이 창고의 빈 곳에 적재시키는 기존 방식 때문에 수량 조회에서 재고가 확인되어도 직원들이 옷을 찾기 힘들어 저에게 어디에 있냐는 질문을 많이 하였습니다. 그래서 저는 기존 방식에서 벗어나 직원들이 옷을 찾기 쉽게 적재해야겠다는 생각을 하게 되었습니다. *새로운 시도를 했을 때 주변 반응이 없습니다.
• 새로운 시도를 위해 감수해야 했던 점 • 구체적인 실행 과정 및 결과	창고의 구간을 나누고 상의, 하의, 셔츠 등 종류별 구역을 정해서 적재하였습니다. 근무시간만으로는 부족하여 1시간씩 더 남아 정리하였고 쉬는 날에도 자발적으로 출근하여 1~2시간씩 정리하여 약 1개월 만에 창고를 새롭게 정리하였습니다. 정리하는 가운데 기존에 익숙했던 몇몇 직원들과 트러블이 발생되었으나, 점장님과 지지해 주던 직원들의 도움으로 잘 마무리되었습니다. *구체적으로 트러블 해결 과정이 나오지 않았습니다.

▶ 〈표 3-16〉 수정한 자소서

스토리텔링 / 문항 핵심		내용
주장		-
재해석		-
경험	• 기본 방식과 본인이 시도한 방식의 차이 • 새로운 시도를 하게 된 계기 • 새로운 시도를 했을 때의 주변 반응	작년 스파오라는 의류 브랜드에서[A] 4개월간 재고팀 아르바이트를 했습니다.[S] 종류의 구분 없이 창고의 빈 곳에 적재시키는 기존 방식 때문에 수량 조회에서 재고가 확인되어도 직원들이 옷을 찾기 힘들어하는 경우가 있었습니다. 그래서 저는 기존 방식에서 벗어나 직원들이 옷을 찾기 쉽게 적재 해야겠다는 생각이 계기가 되어 창고의 구간을 나누고 상의, 하의, 셔츠 등 종류별 구역을 정해서 적재하였습니다. 그러나 그동안 위치에 익숙해 있던 몇몇 직원이 불만을 터트렸고 결국 점장님까지 알게 되었습니다.[M] 직원들이 편안할 것이라고 판단하여 근무시간 외, 쉬는 날에도 출근하여 2시간씩 정리하였는데 직원들이 불만을 이야기하는 것이 이해할 수 없었습니다.

경험	• 새로운 시도를 위해 감수해야 했던 점 • 구체적인 실행 과정	점장님과의 대화에서 우선 저의 아이디어와 노력에 대해 칭찬해 주셨고, 혼자 할 수 없는 부분에 대해 도와준다고 말씀하셨습니다. 하지만 함께 일하는 동료들에게 의견을 묻지 않고 행동으로 옮긴 것에 아쉬움이 있다고 말씀하셨습니다. 저는 저의 행동에 문제를 이해할 수 있게 되었고 바로 직원들과 이야기하는 시간을 가졌습니다. 직원들도 저의 마음을 이해해 주고 더 좋은 아이디어를 주었습니다.[R]
성과	• 결과	점장님과 직원들의 도움으로 1개월 만에 창고를 새롭게 정리하게 되었습니다. 이 경험을 통해 새로운 시도를 위해서는 저의 노력도 중요하지만 기존에 시도의 필요성을 느끼지 못하는 사람들과의 대화도 필요한 과정이라는 것을 알게 되었습니다.
기여도		-
일관성		일관성(주장과 근거의 일치)이 있는가?

[글자수 공백 포함 707]

문제 해결 문항 작성법

'창의성'과 '문제 해결' 문항은 비슷합니다. 예를 들어, '다른 사람이 인식하지 못하는 문제점을 파악하고, 이것을 해결하는 과정에서 자신만의 독창적인 방법으로 문제를 해결한 경험을 서술하시오'라는 문항에서 알 수 있듯이 문제 해결 과정에서 창의성 부분과 결합되는 경우가 많죠.

약간의 차이점이 있다면 창의성은 '기존의 틀에서 벗어난 새로운 것'에 초점이 맞춰진다면 문제 해결은 '문제가 발생했는데 그 원인을 정확하게 파악하여 해결하는 것'입니다.

따라서 문제 해결 문항을 작성할 때는 문제점을 정확하게 언급하고 여기에 따른 원인 파악을 해야 이것을 해결하는 것에 초점을 맞출 수 있어요.

기타 관련 문항 작성법

기업별 자소서 문항의 강점, 지원 동기, 입사 후 포부는 챕터 3.2 기본 자소서 작성법과 거의 같아요. 차이점이 있다면 아래와 같이 기업에서 원하는 구체적인 내용이 있어서 그 내용에 맞게 작성해야 한다는 것입니다.

강점에 관련된 자소서 문항을 보면, 다음과 같습니다.

"본인의 강점에 대하여 간략히 설명하고 그것이 한국동서발전의 비전 달성에 어떻게 기여할 수 있는지 서술하시기 바랍니다."

"본인이 다른 지원자에 비해 협회 업무 수행에 더 적합하다고 판단하는 본인의 강점은 무엇인지 구체적인 사례를 통해 설명하시오."

두 문항처럼 그냥 강점이 아니라 이 강점이 업무 수행에 어떻게 연결되는지를 묻기 때문에 나의 강점과 기업과의 교집합을 찾는 것이 중요합니다. 위 예시의 첫 번째 문항에서는 자신의 강점이 기업의 비전 달성에 어떻게 기여할 수 있는지를 작성해야 하므로 '부록: 자소서노트 2.3 기업탐색표'에서 또는 홈페이지에서 그 기업의 비전을 확인하고 비전 달성과 관련있는 강점을 '2.5 강점탐색표에서 찾아보세요.

두 번째 문항에서는 자신의 강점과 직무 역량의 교집합을 찾아 작성하고 이것이 직무에 어떻게 기여할 수 있는지를 작성해야 하죠. '부록 자소서노트 2.4 직무탐색표와 2.5 강점탐색표'를 보면서 교집합을 찾아보세요.

지원 동기와 관련된 자소서 문항을 보면, 다음과 같습니다.

"본인의 적성과 성향이 어떤 면에서 은행원에 적합하다고 생각하는지 그 이유와 왜 IBK기업은행을 지원하였는지 진술하게 설명해 주십시오."

기본 자소서에서 지원 동기는 말 그대로 지원 동기만 작성하면 되지만 이 문항에서는 자신의 성향이 은행원에 왜 적합한지도 묻고 있어요. 먼저 은행원에 적합한 이유를 설명하고 IBK기업은행을 지원한 이유를 결합해야겠죠.

입사 후 포부와 관련된 자소서 문항을 보면, 다음과 같습니다.

"우리은행은 2020년까지 '아시아 TOP10, 글로벌 TOP50'을 목표로 하고 있습니다. 이러한 목표를 달성하기 위해 본인의 역량과 경험을 활용하여 어떠한 기여를 할 수 있을지 구체적으로 말씀해 주세요."

기본 자소서의 입사 후 포부는 직무에서 자신의 목표를 제시하면 되지만 기업별 자소서 입사 후 포부는 기업이 추구하는 목표를 제시하고 그 목표를 달성하는데 어떻게 기여할 지를 묻고 있죠. 또한 구체적으로 역량과 경험을 활용하여 작성하라고 되어 있기 때문에 문항 그대로

'아시아 TOP10, 글로벌 TOP50을 가기 위해서 어떤 역량이 필요한지를 제시하고 그렇게 생각하는 이유를 작성하고 자신의 역량과 경험을 찾아 기여할 수 있는 방법을 작성해야 합니다.

"기업별 자소서는 기업이 자소서 문항에서 요구하는 구성으로 표를 만들어 작성한다."

"문항에 제시된 단어를 꼭 활용하여 작성한다."

'기업별 자소서' 작성하기

양식은 '부록: 자소서노트 4.1 기업별문항작성표'에 있습니다.

① 지원하는 기업의 자소서 문항표를 만든다. 〈표 3-17〉 예시처럼 '경험' 칸을 자소서 문항의 내용에 맞게 나누고 문항 핵심을 작성해 본다.

② 표를 만든 후 '내용' 칸에 관련된 내용을 작성한다.

③ 그 경험의 성과를 작성한다.

④ 작성 후 글자수를 확인하며 조절한다.

⑤ 글자수 조절이 끝난 후 표에 작성된 글을 자소서에 옮긴다.

▶ 〈표 3-17〉 기업별 자소서 표 만들기 예시

자신에게 부여된 일을 달성하기 위해 어려움을 참고 극복했던 경험을 작성하시오.
(여기에 일을 어떤 과정으로 인식하고, 어떤 전략을 세웠으며, 차후 해결 방법이 무엇이었는지 구체적으로 제시하시오.)

<table>
<tr><th colspan="2">스토리텔링/문항 핵심</th><th>내용</th></tr>
<tr><td colspan="2">주장</td><td>-</td></tr>
<tr><td colspan="2">재해석</td><td>-</td></tr>
<tr><td rowspan="7">경험</td><td>자신에게 부여된 일</td><td></td></tr>
<tr><td rowspan="6">달성 과정 중 어려움을 참고 극복했던 것</td><td>어려움은 어떤 이유 때문에 생긴 것으로 인식했는가?</td></tr>
<tr><td></td></tr>
<tr><td>그것을 해결하기 위한 전략은 무엇인가?</td></tr>
<tr><td></td></tr>
<tr><td>그 전략을 어떤 방법으로 해결했는가?</td></tr>
<tr><td></td></tr>
<tr><td colspan="2">성과</td><td></td></tr>
<tr><td colspan="2">기여도</td><td>-</td></tr>
<tr><td colspan="2">일관성</td><td>일관성(주장과 근거의 일치)이 있는가?</td></tr>
</table>

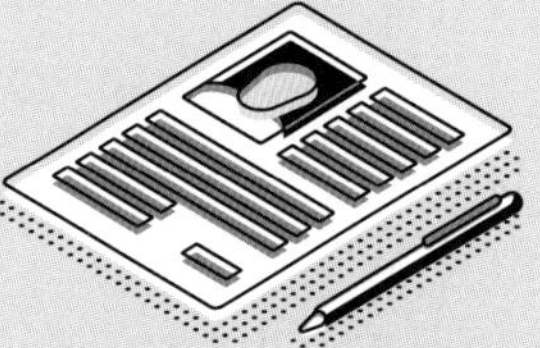

우리는 자소서와 면접을 분리해서 생각합니다. 일단 자소서에서 합격되어야 면접을 볼 수 있기 때문에 면접은 나중 일이 되어버리죠.

하지만 자소서와 면접은 글과 말의 차이일 뿐 거의 같습니다. 그래서 자소서를 준비하면서 면접도 함께 준비하는 것이 좋습니다. 이렇게 면접 기본을 준비하고 나면 실제 면접을 준비해야 하는 시간에 PT면접과 토론 면접을 준비할 수 있어요.

챕터4는 면접에서 궁금했던 점을 알아보고 방법을 소개하고 있습니다.

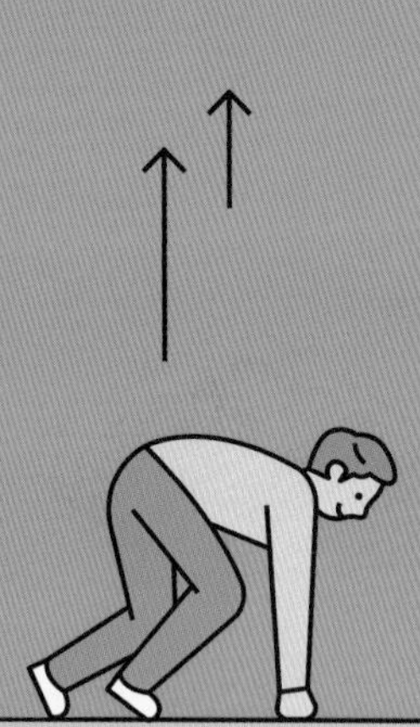

CHAPTER 04

흥하는 자소서는 면접을 부른다

01

자기소개 방법을 알고 싶어요

면접은 시작부터 끝까지 면접관을 설득하는 과정이에요. 특히 자기소개는 면접관에게 좋은 이미지를 줄 수 있는 첫 번째 설득 기회입니다. 설득을 잘 하기 위해서는 면접관이 흥미를 갖는 부분을 잘 파악하여 자신이 말하고자 하는 것을 정확하게 전달해야 하는데 이런 전달력을 높이기 위한 방법이 스토리텔링 기법입니다. 혹시 챕터3.1에서 언급한 자소서 스토리텔링 작성법을 기억하시나요? 자소서 스토리텔링은 글을 작성하는 데 초점이 맞추어져 있다면 이것을 다음과 같이 말하는 법으로 바꾸면 면접 스토리텔링 기법이 됩니다.

면접 스토리텔링 기법

1. 기업과 나의 교집합인 핵심 키워드를 찾는다.
2. 핵심 키워드를 문장으로 말한다.
3. 상황에 따라 핵심 키워드를 재해석하여 말한다.
4. 두괄식으로 말한다.
5. 경험을 구체적으로 말한다.
6. 상황에 따라 성과를 말한다.
7. 기여도를 말한다.
8. 주장과 근거의 일치 등 일관성 있게 말한다.

면접 스토리텔링 기법을 활용한 자기소개 방법은 무엇일까요?

첫 번째 방법은 지원부서와 이름을 정확하게 말하는 것이다.

"안녕하십니까? 교육부에 지원한 오열정입니다."

지원부서와 이름을 말할 때는 천천히 정확하게 말하는 것이 중요하며 인사 행동과 함께 들어가므로 '안녕하십니까', 지원부서, 이름을 말한 후 인사 행동을 합니다.

두 번째 방법은 가치관과 역량 중 하나를 선택하여 말하는 것이다.

• 기업의 핵심 가치와 개인 가치의 교집합이 도전정신인

경우

"저는 도전적인 자세가 중요하며 이것을 제 삶에 적용하기 위해 노력하고 있습니다. 왜냐하면 중요한 시기마다 도전을 통해 더 큰 성장을 할 수 있었기 때문입니다."

• 직무 역량과 개인 강점의 교집합이 대인관계인 경우

"교육은 사람들과의 관계 속에서 모든 것이 진행되는 업무이므로 대인관계 역량이 기본이라고 생각합니다. 이런 대인관계 역량에 저만의 강점이 있습니다."

자기소개는 자신을 잘 나타낼 수 있는 가치관이나 자신만의 강점을 말하는 것이 좋아요. 따라서 가치관이나 강점 중에 선택하여 말하거나 두 가지를 적용하여 말해도 좋습니다. 이때 고려해야 할 사항은 기업에서 필요한 인재를 뽑는 것이므로 기업과 나의 교집합을 찾는 것이 좋겠죠. 기업의 핵심가치와 개인 가치의 교집합, 기업의 인재상과 개인 강점의 교집합, 혹은 직무 역량과 개인 강점의 교집합에서 핵심 키워드를 찾으면 됩니다. 혹시 교집합이 되는 것이 없거나 교집합은 아니지만, 꼭 말하고 싶은 키워드가 있다면 그것을 설명하고 마무리에 기업이나 직무에 연결하면 됩니다.

세 번째 방법은 앞에서 주장한 부분을 자연스럽게 연결하여 근거를 제시하는 것이다.

"대학교 때 아르바이트로 화장품 판매 영업을 하게 되

었습니다. 처음에는 고객 앞에서 '제품을 잘 설명할 수 있을까?' '판매를 잘 할 수 있을까?'라는 두려운 마음이 컸지만 일단 도전해보자는 마음으로 시작했는데 결국 판매 1위도 해보았고 저를 찾는 고객도 확보하게 되었습니다. 경험을 통해 도전이라는 것이 시작은 어렵지만 시도해보면 그 속에서 배우며 성장하게 된다는 것을 알게 되어 지속해서 삶에 적용하려고 노력하고 있습니다."

주의할 점은 주장한 핵심이 '근거'에서 정확하게 나와야 합니다.

네 번째 방법은 직무 연결과 다짐을 말하는 것이다.

"교육부는 변화에 앞장서서 직원들의 역량을 높여주고 이끌어 주는 부서입니다. 따라서 교육부의 일원으로 다른 직원들 보다 먼저 도전정신을 발휘하고 그 속에서 얻은 배움과 성장을 다른 직원들에게 전달하고 동기부여할 수 있는 인재가 되도록 노력하겠습니다."

자기소개는 미리 준비하는 것이 좋아요. 하지만 외운 티가 나는 것을 좋아하지 않기 때문에 너무 완벽하게 작성하지 않아도 됩니다. 키워드 중심으로 자연스럽게 말하는 연습을 해보세요. 또한, 1분 안에 많은 것을 말할 수 없어요. 많은 것을 나열하기보다는 핵심 키워드 1~2가지를 제대로 이야기하는 것이 좋습니다.

자기소개 예시

안녕하십니까? 교육부에 지원한 오열정입니다.
저는 도전적인 자세가 중요하며 이것을 제 삶에 적용하기 위해 노력하고 있습니다. 왜냐하면 중요한 시기마다 도전을 통해 더 큰 성장을 할 수 있었기 때문입니다.
대학교 때 아르바이트로 화장품 판매 영업을 하게 되었습니다. 처음에는 고객 앞에서 '제품을 잘 설명할 수 있을까?', '판매를 잘 할 수 있을까?'라는 두려운 마음이 컸지만 일단 도전해보자는 마음으로 시작했는데 결국 판매 1위도 해보았고 저를 찾는 고객도 확보하게 되었습니다. 경험을 통해 도전이라는 것이 시작은 어렵지만 시도해보면 그 속에서 배우며 성장하게 된다는 것을 알게 되어 지속해서 삶에 적용하려고 노력하고 있습니다.
교육부는 변화에 앞장서서 직원들의 역량을 높여주고 이끌어주는 부서입니다. 따라서 교육부의 일원으로 다른 직원들보다 먼저 도전정신을 발휘하고 그 속에서 얻은 배움과 성장을 다른 직원들에게 전달하고 동기부여할 수 있는 인재가 되도록 노력하겠습니다.

02

생각하는 시간이 너무 길어요

면접관의 질문에 생각하는 시간이 길어 고민하는 분들이 많아요. 하지만 생각하는 시간이 긴 것은 당연한 일입니다. 어떤 질문이 나올지 모르는 상황이고, 질문 자체가 어려울 수도 있고, 너무 떨려서 생각이 안 날 수도 있죠. 최근에 취업준비생 한 분이 저에게 이런 말을 했습니다.

"대기하고 있는데 저를 호명하더라고요. 벌떡 일어났는데 갑자기 저에게 영어로 이야기하시는 거예요. 순간 너무 놀라 앞부분은 거의 듣지를 못했어요."

이처럼 예상하지 못한 상황으로 이야기를 못 듣고 다시 질문하는 상황도 있을 수 있죠. 하지만 면접은 정해진 시간이 있습니다. 생각하는 데 시간이 오래 걸린다면 나에게 주어진 시간이 줄어들 수밖에 없고 답변을 기다리는 면접관도 집중이 흐트러질 수 있어요. 또한, 그 침묵이 자신을 더욱 초조하게 만들 수도 있죠.

생각을 줄여 답변을 빨리 할 수 있는 방법이 있을까요?

첫 번째 방법은 이야기 재료를 정리하는 것이다.

'부록: 자소서 노트'에 경험디자인표, 기업탐색표, 직무탐색표 등 많은 자료를 준비하고 정리했어요. 이렇게 준비한 자료는 면접에서도 꼭 필요한 자료입니다. 그래서 자소서를 작성할 때 확실하게 준비해 두는 것이 시간을 절약할 수 있죠. 그런데 준비한 자료들이 생각하는 시간을 줄이는 것과 무슨 상관 있을까요?

예를 들어, 친구와 대화 중에 '여행 가고 싶은 곳이 있니?'라는 질문을 받았다고 가정해 볼게요. 사소한 질문이지만 평소에 생각하지 않았다면 대답하는 데 시간이 걸릴 수 있죠. 면접도 이와 같아요. 이야기 재료에 대해 생각하고 정리하지 않았다면, 갑작스러운 질문에 맞는 이야기 재료를 찾기 어려워요. 또한 친구와의 대화처럼 편한 자리가 아니기 때문에 더 생각이 안 날 수 있겠죠.

그래서 이야기 재료를 정리하는 것이 필요합니다. 미리 정리해 놓는다면 머릿속에 이야기 전체가 보일 수 있어요. 그래서 다양한 질문에 맞는 답변을 찾기 쉬워 빠르게 대답할 수도 있고 말 또한 간결해집니다.

	경험을 정리한 사람	경험을 정리하지 못한 사람
면접	생각이 정리되어 빠르게 답변할 수 있다.	생각을 정리하는데 시간이 오래 걸린다.
	결론부터 말한다.	상황부터 말한다.
	설득력이 높다.	설득력이 없다.
	요점 정리가 잘 된다.	부연 설명이 많아 말이 길어진다.

두 번째 방법은 재해석을 하는 것이다.
광탈이와 열정이의 면접 사례를 볼게요.

면접관: 강한 의지로 좋은 성과를 이루었던 경험이 있으면 이야기해주세요.
광탈이: 저는 형편이 좋지 않아 대학교 때에도 생활비와 등록금을 스스로 해결해야 했습니다. 편안하게 부모님께서 주신 돈으로 다니는 친구들이 부러웠지만 스스로 위로하며 아르바이트를 했습니다. 아르바이트하면서도 공부를 열심히 하고 싶은 의지가 있었습니다. 그래서 일하면서 틈틈이 공부하고 수업 시간에 집중하여 장학금까지 받을 수 있었습니다.
열정이: 강한 의지는 어려운 상황에서도 자신이 원하는

것을 이루기 위해 노력하는 자세라고 생각합니다.(재해석) 대학교 때 생활비를 해결하기 위해 아르바이트를 했습니다. 아르바이트와 학업을 같이 잘하기가 어려운 상황이었으나 학생으로 학업에 열중하는 것은 당연하다는 생각에 일하면서도 학업에 열중하는 방법을 생각하고 실천하기 위한 계획을 세웠습니다. 수업 시간에 집중하고 모르는 부분은 그날 해결하고 하루 배운 것을 정리하여 시험을 미리 대비했습니다. 이렇게 고민하고 행동한 결과 장학금을 받는 좋은 성과를 이루었습니다. 경험을 통해 어려운 상황에서도 자신의 의지만 있다면 원하는 것을 이룰 수 있다는 것을 배울 수 있었습니다.

의지, 열정, 성공 등을 묻는 질문은 단어 자체가 추상적이기 때문에 대답하기 어려워요. 그래서 열정이처럼 '강한 의지'라는 단어를 재해석하면 답변의 방향과 범위를 좁혀 그것에 맞는 경험을 찾기가 쉬워지므로 생각의 시간을 줄여 빠르게 대답할 수 있어요.

면접에서 재해석을 하면 좋은 이유
자신의 가치를 정확히 알릴 수 있다.
추상적인 질문에 답변의 방향을 잡을 수 있다.
상대의 이해를 높일 수 있다.
주장에 맞는 근거를 쉽게 찾을 수 있다.

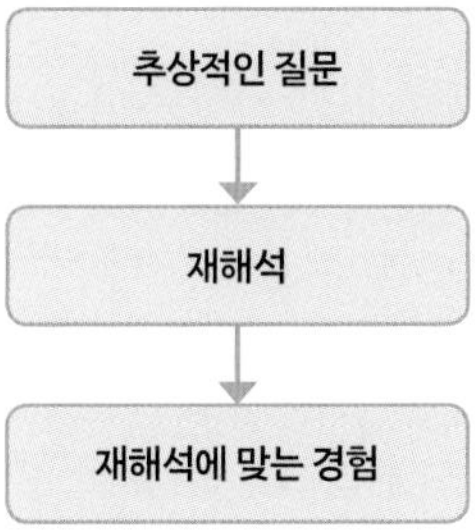

추상적인 질문

↓

재해석

↓

재해석에 맞는 경험

세 번째 방법은 면접 상황이 익숙해질 수 있도록 연습을 하는 것이다.

사람은 누구나 처음 하는 것은 익숙하지 않아 속도가 느려집니다. 하지만 자주 반복되는 것은 몸이 알아서 반응하기 때문에 빠르게 할 수 있죠. 우리가 질문에 생각을 오래 하고 빠르게 대답을 못 하는 것은 그 상황이 익숙하지 않기 때문입니다. 그 상황이 익숙해진다면 속도가 빨라지죠. 그래서 면접을 많이 경험해본 사람은 그렇지 않은 사람들보다 빠르게 답변할 수 있습니다.

익숙하게 만드는 연습 방법을 알아볼까요?

첫 번째 방법은 예상 질문을 만드는 것이다.

요즘은 예상되는 면접 질문을 쉽게 찾을 수 있어요. 물론 정확하지 않을 수도 있지만 말 그대로 예상 질문입니다. 이것을 찾아 정리해 봅니다. 1차 면접은 실무자 면접으로 직무와 관련된 질문이고, 2차 면접은 임원 면접으로 인성과 관련된 질문이죠. 각각을 나누어 정리해도 좋아요. 특히 일반적 질문 외 돌발적, 특이한 질문도 예상하여 정리하면 실제 면접에서 도움이 됩니다.

두 번째 방법은 면접처럼 질문하고 대답해보는 것이다.

처음에는 자신이 만든 질문이라고 하더라도 당황스러

워 답이 생각나지 않을 거예요. 그래도 포기하지 말고 끝까지 대답하려고 노력해보세요. 이때 대답하는 모습을 동영상으로 녹화해 보세요. 내용뿐만 아니라 생각하지 못했던 표정, 제스처, 목소리, 대답하는 시간 등 잘못된 습관들까지 객관적으로 평가할 수 있습니다.

세번째 방법은 질문 의도를 파악해보는 것이다.

녹화한 것을 확인을 했다면 질문을 다시 보면서 질문 의도를 파악하고, 답변에 꼭 들어가야 하는 포인트를 찾아 정리합니다. 이때 정리한 것을 외울 필요는 없어요. 답변의 전체적인 흐름만 이해하시면 됩니다.

네 번째 방법은 다시 질문을 하고 대답을 해보는 것이다.

이번에도 동영상으로 녹화하여 처음 녹화한 것과 비교해 봅니다. 특히 녹화나 녹음을 해서 좋은 점은 자신의 답변을 제3자의 입장에서 객관적으로 들을 수 있다는 것입니다. 두 번째 방법부터 네 번째 방법까지는 한 질문 당 모두 해야 하는 과정이에요. 이런 연습 방법으로 예상 질문을 하나씩 해보세요.

면접 연습 방법

실제 면접 볼 때의 자세로 연습을 합니다. 의자에 앉아 다리와 손을 모으고 면접관이 앞에 앉아 있다고 생각하고 상대의 눈을 보며 말합니다. 이 자세로 연습해야 실전에서 더 잘 할 수 있어요. 혼자 연습을 했다면 몇 명의 친구들과도 연습해보세요. 면접관처럼 질문하고 대답하고 피드백을 합니다.

다른 사람에게 질문을 받으면 또 다른 긴장감이 생기고 떨림도 있을 거예요. 이런 상황에서 연습을 많이 해야 실력이 좋아집니다. 특히 내가 생각하지 못했던 부분을 친구들에게 피드백을 받을 수 있죠. 자소서와 면접에 대해 고민하고 작성하고, 경험해본 친구는 전문가 그 이상입니다.

03

면접관의 질문 패턴을 알고 싶어요

우리는 관점을 바꿀 필요가 있어요. 면접에서 '어떻게 대답을 잘 할 수 있을까?'만 생각합니다. 답변만 생각하다 보니 늘 지원자의 관점에서만 생각하게 되죠. 하지만 거꾸로 면접관의 관점을 생각해보면 우리가 어려워하는 면접의 해답도 쉽게 찾을 수 있어요.

면접유형은 경험면접, 상황면접, 발표면접, 토론면접으로 구분되어 있습니다. 이 중 경험면접은 면접에서 가장 기본이 되는 유형입니다. 지원자가 작성한 입사지원서 및 자기소개서를 기반으로 직무에서 요구하는 능력을 갖추었는지를 검증하는 방법이죠. 면접관은 주 질문 후 지원자의 답변을 듣고 궁금한 사항에 대한 후속 질문을 통해 지원자의 실력을 평가합니다. 우리가 생각하기에 그냥 궁금한 사항에 대해 질문하는 것처럼 보이지만 여기에도 구조가 있어요.

면접관은 어떤 구조로 질문하는 걸까요?

우리에게 일어나는 경험은 구조로 되어 있습니다. 챕터3에서 배운 'ASMR' 기법 아시죠? 언제, 무엇(주제)을, 어떤 상황이 일어났고 그것을 어떻게 해결했는가? 이 기법에서 성과만 추가하면 자소서나 면접에서 일반적으로 말하는 'STAR 기법'과 같아요. 경험 면접은 면접관이 주 질문에 대한 답변을 듣고 STAR 기법에 맞추어 빠진 부분을 후속 질문에서 하게 됩니다.

STAR 기법에 따른 질문

S(situation, 상황): 상황, 조직, 기간, 규칙을 묻는다.

언제, 어디서 경험한 일인가?
어떤 조직인가? 구성원이 몇 명인가? 조직의 특성은 무엇인가?
얼마나 했는가? 조직의 규칙은 무엇인가?

T(task, 과제·문제): 과제, 역할은 무엇이었고 어떤 문제가 있었는지 묻는다.

과제의 목표는 무엇인가?
맡은 역할은 무엇인가?
어떤 문제가 있었는가?

A(action, 행동): 그 문제를 해결하기 위해 어떤 행동을 했는지를 묻는다.

어떤 노력을 하였는가?
업무를 추진하는데 기여했는가?
다른 사람과의 관계는 어땠는가?

R(result, 결과): 행동이 결과에 미치는 영향이 무엇인지 묻는다.

어떤 성과가 있었는가?
경험을 통해 무엇을 느끼고 배웠는가?

광탈이의 면접 사례를 보면서 STAR 기법 질문 구조를 이해해볼게요.

면접관: 함께 일하는 과정에서 누군가를 설득한 경험이 있으신가요?
광탈이: 네. 대학교 3학년 OO 과목 과제에서 팀 프로젝트가 있었는데 '경주'에 대해 발표하는 것이었습니다. 그때 저를 포함한 몇 명은 역사 중심으로 발표를 하자고 했는데, 나머지 팀원들은 맛집, 볼거리 중심으로 하자고 했습니다. 저는 맛집과 볼거리는 일반 사람들이 많이 아는

부분이지만 역사는 모르는 사람들이 많고 이것을 이해시키는 것이 중요하다고 주장했습니다. 결국 팀원들이 수긍하여 역사 중심으로 발표를 잘 진행할 수 있었습니다.

광탈이에게 STAR 기법에 맞추어 후속 질문을 해볼까요?

- 과제의 목표는 무엇이었나요?
- 구성원들이 맡은 역할이 있었나요?
- 문제를 해결하는 과정을 더 구체적으로 말해주세요?
- 역사가 좋다고 판단한 이유를 더 구체적으로 말해주세요.
- 역사 쪽으로 진행하는데 어려움은 없었나요?
- 어떤 성과를 이뤘나요?
- 맛집, 볼거리를 주장했던 동료들은 결과에 대해 어떤 피드백을 했나요?
- 진행하면서 미흡했던 점이 있었나요?
- 이 경험을 통해 어떤 점을 느꼈나요?

특히 광탈이는 구체적인 답변이 없었기 때문에 많은 질문이 나왔죠. 혹시 자신이 답변을 하고 후속 질문이 많이 나온다면 답변을 구체적으로 못했기 때문입니다. 따라서 면접에서 자신의 경험을 이야기한다면 'STAR 기법'에 맞추어 답변을 하는 것이 좋아요.

이번에는 열정이의 면접 사례를 보면서 STAR 기법 외 다른 질문 구조에 대해 이해해볼게요.

면접관: 함께 일하는 과정에서 누군가를 설득한 경험이 있으신가요?

열정이: 대학교 3학년 OO 과목[S]에서 '경주' 지역을 여행객들에게 소개하는 과제가 있었습니다. 총 5명이 한 팀이었는데 3명은 맛집, 볼거리 중심으로 소개하자는 의견이었고, 저를 포함한 다른 한 명은 역사 중심으로 소개하자는 의견이 있었습니다. 먼저 어떤 형식으로 소개할 것인지가 정해져야 발표 자료를 모을 수 있어서 저희끼리 다시 팀을 나누어 서로를 설득해보자는 의견이 있었습니다.[T] 그래서 저희는 다시 팀을 만들어 설득을 위한 자료를 준비했습니다.

저희 역사팀은 먼저 상대 팀의 맛집, 볼거리 중심 소개의 장단점을 파악해보았습니다. 상대편의 장단점을 파악하니 역사를 어떻게 주장해야 할지 알 수 있었습니다. 또한 상대의 장점인 '재미'를 역사 중심 소개에서도 줄 수 있는 방법이 있는지 찾아보았습니다. 또한 지인들과의 대화에서 관광을 갔을 때 역사적 설명을 듣고 싶은 사람이 많다는 것을 알게 되었습니다. 그래서 자료를 찾아보니 사람들을 대상으로 이런 결과가 나와 있는 조사 자료도 찾을 수 있었습니다.

이런 요소를 넣어 자료를 만들고 발표한 결과 상대 팀을 설득할 수 있었습니다.[A] 이렇게 방향이 결정되고 난 후 저희 팀은 역사 소개에 재미를 넣어 과제를 마무리하였습니다. 이 경험을 통해 설득이란 것이 상대편에 대해 정확한 이해가 먼저 있어야 내 주장을 더욱 살릴 수 있고, 그냥 좋다는 막연한 이야기보다는 논리적인 데이터가 훨씬 설득력을 높일 수 있다는 것을 알게 되었습니다.[R]

열정이는 STAR 기법에 맞추어 답변을 잘 했죠. 이렇게 답변을 잘하면 질문할 게 없을까요?

면접관에게는 STAR 기법 질문유형 외에 다른 질문의 유형을 많이 갖고 있어요. 그 중에서 확인형, 가정형, 유도형 질문이 있습니다.

확인형 질문: 이야기를 듣고 의심이 되는 부분을 확인하는 질문이다.

"자신의 팀만 강조하여 설명하셨는데 상대팀도 준비를 많이 했을 거라는 생각이 듭니다. 상대팀은 어떻게 발표를 했는지 설명해 주시겠습니까?"

가정형 질문: 정해진 결과를 뒤집는 질문이다.
지원자는 면접관에게 좋은 이야기만을 하려고 합니다.
하지만 좋은 이야기만으로는 지원자를 판단하기 어렵죠.

"만일 팀원 대다수가 역사가 아닌 맛집, 볼거리를 원한다면 어떻게 대처하시겠습니까?"

유도형 질문: 면접관이 자신이 필요한 정보만을 확실하게 듣고 싶을 때 하는 질문이다.

"열정님이 지원하는 부서는 설득 스킬이 많이 필요한데, 설득을 잘 하기 위한 방법이 어떤 것이 있을까요?

이제 면접관의 질문 구조를 이해했다면 자신의 자소서를 보고 질문을 만들어 보세요.

자기소개서는 면접에서 활용되는 자료입니다. 면접관은 자기소개서에서 궁금한 사항을 질문합니다. 특히 자소서의 첫 문장을 보고 질문하는 경우가 많아요. 자신이 작성한 문항의 내용들을 보면서 STAR 기법으로 맞추어 부족한 부분을 질문을 만들어보세요. 또한 궁금할 수 있는 내용을 확인형, 가정형, 유도형 질문으로 만듭니다. 그리고 스스로에게 질문을 하고 답변을 해보세요.

04

성과를 꼭 말해야 하나요?

기업은 그 사람이 하는 일을 평가해야 합니다. 평가하려면 주어진 목표가 있어야 하고 목표를 달성한 성과가 있어야 하죠. 따라서 직장인들은 일을 시작하면 목표와 성과에 대해 인식하고 있어서 성과를 묻지 않아도 성과에 관해 이야기합니다. 왜냐하면 이것이 조직에서 기본이기 때문이죠. 그래서 면접관은 질문할 때 성과를 묻지 않아도 당연히 성과를 말할 것으로 생각합니다.

하지만 우리는 상황, 과정에 집중하여 성과를 말하지 않거나 말한다고 해도 구체적인 표현을 하지 못해요. 여기서 우리와 기업의 갭(gap)이 발생합니다. 우리가 잊지 말아야 하는 것은 '기업은 성과로 평가받는 곳'입니다. 따라서 면접관이 성과에 관해 묻지 않아도 성과를 말하는 습관을 들여야 합니다.

성과를 어떻게 표현해야 할까요?

성과 표현에 대해서는 챕터1.4와 챕터3.1에서 설명했습니다. 광탈이와 열정이의 면접 사례를 보면서 성과 표현에 대해 다시 생각해볼게요.

면접관: 최근 인상 깊었던 경험이 있었나요?

광탈이: 최근에 체중 감량을 위해 필라테스를 운동한 경험이 있었습니다. 예전에도 체중감량을 위해 헬스를 했었는데 중간에 포기하여 더 몸무게가 증가한 경험이 있어서, 하면서도 잘 할 수 있을까 걱정했습니다. 그래서 이번에는 배우고 싶었던 운동을 선택했고 1:1로 코치의 도움을 받았고 식단조절까지 하여 체중을 감량할 수 있었습니다. 스스로 목표를 이룬 것이 뿌듯해서 인상 깊었습니다.

광탈이의 답변에서 아쉬운 점은 무엇인가요? 광탈이는 성과를 말하려고 노력했습니다. 하지만 광탈이의 성과 표현은 부족하죠. 성과를 평가하려면 목표가 구체적으로 제시되어야 합니다. 광탈이는 체중 감량이라는 막연한 목표를 제시했고 성과에서도 체중 감량이라고 막연하게 마무리했어요.

열정이: 최근에 체중 감량을 위해 필라테스를 운동한 경험이 있습니다. 이 경험이 인상 깊었던 이유는 제가 세운 목표를 이루었기 때문입니다. 작년보다 몸무게가 늘어나서 옷을 입을 때마다 스트레스를 많이 받았습니다. 그래서 3개월에 5kg 감량이라는 목표를 세웠습니다. 목표를 세우면서도 무리가 아닐까 걱정이 됐습니다. 왜냐하면 예전에도 목표를 세웠지만, 더 체중이 증가한 일이 있었기 때문입니다. 그때와 같은 일이 일어나지 않도록 실패한 원인을 생각해 보니 헬스라는 운동에 흥미가 없었고, 배고픈 상태에서 운동하니 운동 후 배고픔이 극대화되어 더 많은 음식을 먹게 되었다는 것을 알게 되었습니다. 그래서 1개월은 식단 조절로 먹는 습관을 조절하고 2, 3개월은 식단과 운동을 병행하고 운동은 좋아하는 운동을 배우는 것으로 계획했습니다. 이렇게 계획을 세워 진행하니 제가 목표를 세웠던 '3개월에 5kg 감량'을 큰 무리 없이 이룰 수 있었습니다. 이 경험을 통해 목표를 이루기 위해서는 무작정 하는 것보다 체계적인 계획이 필요하다는 것을 느낄 수 있었습니다.

열정이는 성과를 객관적 수치인 정량적 성과로 표현했습니다. 이렇게 객관적 수치로 표현할 수 있는 것은 목표가 구체적이기 때문이죠. 여기에 그 경험을 통해 배운 점인 정성적 성과도 말했어요. 기업에서는 정량적 성과가 더 중요하겠지만 면접에서는 정성적 성과도 중요해요. 왜냐하면 그 경험을 통해 얻은 느낌 즉 배움이 그 사람의 역량이 되어 앞으로 진행하는 일에서도 적용될 수 있기 때문입니다. 즉, 정량적 성과는 과거에 '이 사람이 열심히 했구나'를 보여주고, 정성적 성과는 미래의 가능성을 보여줄 수 있어요.

성과 표현 연습방법을 알아볼까요?

첫 번째 방법은 성과를 묻지 않아도 성과까지 말하는 것이다.

성과를 말하기 위해서는 열정이의 사례처럼 목표를 말하는 것이 좋아요. 목표는 성과 평가의 기준이 되며 구체적일수록 좋아요.

두 번째 방법은 정량적 성과와 정성적 성과를 말하는 것이다.

대부분 정량적 성과만을 말하는 경향이 많은데 미래의 가능성을 보여줄 수 있는 정성적 성과도 꼭 말해야 합니다. 특히 정성적 성과를 막연하게 '좋았다', '배웠다'라고 표현하기 보다는 '무엇이, 어떻게 좋았는지' '이것을 업무에 어떻게 적용할 수 있는지'를 구체적으로 말하는 것이 좋습니다.

05

1차 면접에서는 무엇이 중요한가요?

팔씨름에서 진 팀은 야외 취침이다. A, B 팀장을 선출하고 팀장에게 팀원을 뽑을 수 있는 권한을 준다. 팀장은 가위, 바위, 보를 하고 이긴 팀장이 먼저 원하는 팀원을 뽑아가면서 팀원을 구성한다.

예능 프로에서는 종종 이런 상황이 연출됩니다. 여러분이 팀장이라면 어떤 팀원을 뽑을까요? 1순위로 뽑히는 사람은 당연히 팔씨름을 잘하는 사람입니다. 2순위는 뭐든지 열심히 하는 사람이죠. 이런 사람들은 서로 경쟁하면서 먼저 뽑을 거예요. 이것이 1차 면접과 같아요. 서류전형에 합격하면 우리는 1차 면접을 보고 통과되면 2차 면접을 보게 됩니다. 1차 면접은 실무자 면접으로 직무역량을 보는 면접이며 2차 면접은 임원 면접으로 인성 등을 보는 면접입니다. 면접은 모두 중요하지만 1차가 통과되어야 2차의 기회가 주어지므로, 1차 면접은 우리에게 중요한 면접이며 어려운 면접이죠. 특히 더 어렵게 느끼는 이유는 인성과 관련된 부분은 내 생각을 조리 있게 말하면 되지만 직무는 알지 못하면 대답조차 어렵기 때문입니다. 또한, 임원 면접은 분위기가 부드럽고 편안하지만, 실무자 면접은 날카로운 시선과 딱딱한 분위기로 아는 것도 생각이 안 날 수 있습니다.

1차 면접에서 중요한 요소는 무엇일까요?

광탈이와 열정이의 면접 사례를 보면서 1차 면접에서 중요한 요소를 생각해볼게요.

면접관: 보안관제 직무를 잘 수행할 수 있는 이유를 말해보세요.

광탈이: 저는 보안관제 직무를 잘 수행할 수 있는 준비가 되어 있습니다. 특히 보안관제 관련 전문 자격증을 취득하고 OO에서 교육을 통해 프로젝트를 진행하여 보안 전반을 학습하였습니다. 프로젝트를 진행하면서 인프라에 대한 이해도가 가장 중요하다는 생각이 들었습니다. 왜냐하면, 서버 및 네트워크 구축을 통해 보안 장비의 위

치 및 기능에 대한 지식과 취약한 이유를 파악하여 대응 방안까지도 고려할 수 있기 때문입니다.

면접관: 관광 컨설턴트에 왜 적합하다고 생각하는지 말해 보세요

열정이: 관광컨설턴트 직무를 수행하는데 필요한 관광정책, 관광마케팅, 컨설팅 기초이론과 보고서 작성에 필요한 OA 활용, 빅데이터 활용 등 기본 지식을 습득하였습니다. 또한, 전국 관광 홍보 PT 경진대회에서 금상을 수상했으며 OO에서 관광 연구 컨설팅 관련 인턴을 통해 습득한 지식을 실전에서 활용해 보았습니다. 마지막으로 관광컨설턴트의 기본은 '고객 지향적 태도'라고 생각합니다. 대학교 때 다양한 서비스 직종에서 아르바이트를 꾸준히 해왔습니다. 이 경험을 통해 고객 입장에서 생각하고 고객과 소통하는 방법을 배웠습니다. 위의 3가지 이유로 저는 관광컨설턴트에 적합하다고 생각합니다.

둘의 차이점이 느껴지나요? 광탈이와 열정이 중 누가 직무에 대해 정확하게 알고 있고 직무를 잘 수행할 수 있는 역량이 갖추어졌다고 생각이 드나요? 조직은 하는 일에 대해 '성과'를 내고 성과로 '평가'받는 곳이라고 계속 강조하고 있습니다. 성과를 내려면 당연히 본인의 직무 관련 역량을 갖춘 사람이 필요해요. 물론 인성도 중요하고 우리 기업에 맞는 인재도 중요합니다. 하지만 이것은 직무역량을 갖춘 인재 중에서 선택하는 것이죠.

하지만 우리는 '신입인데… 그 일을 해본 사람들도 아닌데… 어떻게 알아?'라고 생각할 수도 있어요. 약간 억울하다는 생각도 들 거에요. 중요한 것은 그런데도 직무에 대해 아는 사람들이 많다는 것입니다. 왜냐하면, 노력만 하면 정보가 많기 때문이죠. 기업은 좋은 인재를 선발하기 위해, 기업의 인지도를 높이기 위해 홈페이지에 기업에 대해 상세히 정리해 놓았어요. 유튜브나 여러 채널을 통해 직무에 대해서도 상세히 설명하고 있습니다. 또한, 취업을 도와주는 여러 포털에서도 정보가 많으며 인턴 경험도 할 수 있고 취업 박람회를 통해 궁금한 것을 질문할 수도 있어요. 면접관은 내용도 보지만 그 내용을 위해 얼마나 준비했는지, 노력의 정도를 보는 것이죠.

1차 면접 연습방법을 알아볼까요?

첫 번째 방법은 직무 관련 정보를 모으는 것이다.

챕터2.4에서 직무 관련 자료를 정리했습니다. 기업 홈페이지 등 직무 관련 사이트에 들어간 후 '부록: 자소서 노트'에 정리한 직무탐색표를 보면서 혹시 빠진 것이 없는지 수정 보완합니다.

두 번째 방법은 직무역량을 이해하는 것이다.

NCS에는 직무별 역량이 상세히 정리되어 있습니다. 직무역량을 이해하는 데 도움이 될 거에요.

예를 들어, 다음의 〈표 4-1〉은 NCS에 나와있는 관광 컨설턴트의 직무역량입니다. 필요 지식은 직무를 수행하는데 필요한 전문 지식이며 필요 기술은 전문 지식을 활용하여 실제 적용하는 실무 스킬입니다. 두 가지는 많은 지원자들이 잘 갖추고 있어요. 하지만 똑같이 지식과 기술을 갖추어도, 성과를 더 잘 내는 사람이 있습니다. 그 이유는 지원자의 성향에 따라 직무를 수행하는 태도가 더 잘 발휘되어 지식과 기술에 윤활유 역할을 하기 때문입니다.

▶ 〈표 4-1〉 관광컨설턴트의 직무역량

필요지식	• (관광정책) 관광정책 및 산업에 대한 지식, 관광주체·객체·매체에 대한 이해 등 • (관광마케팅) 관광상품 및 소재개발, 관광브랜드 및 홍보·마케팅 관련 제반 지식 • (관광개발) 관광개발계획 및 관광개발정책 제반 지식, 사업타당성 분석 등 • (컨설팅 기초이론) 조사 설계 방법에 관한 지식, 연구 방법론에 대한 기초지식 등 • (기타) 도시개발, 컨설팅 관련 지식, OA 활용 지식, 빅데이터 활용 지식 등
필요기술	• 관광연구·컨설팅 능력·경험·경력 • 커뮤니케이션·관계구축 능력·경험·경력 - 이해관계자 분석 능력, 공청회 및 자문회의 진행 능력, 자료집 작성 능력 - 연구관리·기획·조정 능력, 전문가들과의 네트워크 기술 - 대내·외 홍보 및 협력 능력 • 연구방법론 및 조사설계 지식을 통한 통계분석 기술 • 기타 OA 활용 및 보고서 작성능력·경험·경력
직무 수행태도	• 자료 분석 및 결과 해석에 대한 가치 중립적 태도, 분석적 태도, 관광 현장을 이해하는 태도 등 • 고객 지향적인 태도, 원활한 의사소통이 가능한 개방적인 태도, 외부에 대한 협업적인 태도 등 • 기획마인드, 중립적인 태도, 윤리·청렴의식 등

이처럼 자신의 직무에 맞는 역량을 살펴보고 몰랐던 부분을 정리해보세요.

세 번째 방법은 지식, 기술, 직무 수행태도에 맞추어 표현하는 것이다.

“왜 당신을 뽑아야 하나요?” “직무역량에 대해 말해보세요?” 등의 질문이 1차 면접에서 많이 나오는 질문이며 우리가 어려움을 느끼는 질문입니다. 그러나 열정이의 답변처럼 자신의 직무역량에 ‘지식’, ‘기술’, ‘수행태도’를 하나씩 정리해 가면서 말하면 훨씬 조리 있게 말할 수 있습니다.

네 번째 방법은 기업에 대해 정리하는 것이다.

직무 관련 역량이 통과되면 “우리 기업을 왜 지원했나요?”와 같은 기업에 관한 질문을 하게 되죠.

‘부록: 자소서 노트’에 ‘기업탐색표’를 참고하여 기업 홈페이지, 뉴스 검색 등을 통해 다시 자료를 수정 보완하여 기업관련 질문에 대한 답변도 준비해보세요.

06

화상 면접에서 무엇이 중요한가요?

"화상 면접 스터디원 구합니다."

"화상 면접 명당 어디 없나요?"

갑자기 불어 닥친 화상 면접, 우리를 당혹스럽게 했죠. 세계적으로 유행하고 있는 코로나19가 취업 시장에 불러온 가장 큰 변화는 '화상 면접'입니다. 면접 자체도 어렵고 부담스러운데 여기에 화상 면접이라는 새로운 방식이 우리를 힘들게 하고 있습니다. 하지만 화상 면접이라고 해서 면접의 본질이 바뀌는 것은 아니에요. 면접의 본질은 가지고 가되 면접의 방식이 바뀌어서 그 부분만 우리가 신경 쓰면 화상 면접도 어렵지 않을 수 있어요.

화상 면접에서 중요한 요소는 무엇일까요?

앞에서 언급했듯이 화상 면접은 면접 방식이 면대면에서 비대면으로 바뀐 것이기 때문에 면접에서 중요하게 생각하는 본질은 똑같아요. 챕터4.1~4.5는 '면접의 본질'을 설명하고 있습니다. 챕터4.6에서는 본질 외에 중요한 요소를 설명드릴게요.

화상 면접의 가장 중요한 것은 화면에서 '나의 모습이 어떻게 보이고 목소리가 어떻게 전달되느냐'입니다. 이를 위해서 5가지의 요소가 중요합니다.

첫 번째는 공간을 집중할 수 있도록 정리하는 것이다.

일반 면접은 한 공간에서 이루어지지만, 화상 면접은 각각의 공간에서 이루어지므로 장비와 공간에 따라 면접자의 모습이 더 돋보일 수도, 그렇지 않을 수도 있죠. 앞에서 언급한 "화상 면접 명당 어디 없나요?"라는 말이 나올 정도로 이 요소의 중요성을 느낀 분들이 면접 명당도 찾고 있죠. 특히 공간이 중요한 이유는 노트북 화면이라는 작은 공간에서 대면해야 하므로 자신 외의 물건이 보이면 산만할 수 있습니다. 실제로 면접을 진행하면서 방이 그대로 노출되는데 빨래 건조대가 있었던 경우가 있었어요. 자꾸 그쪽으로 시선이 가고 '치웠으면 좋겠다'라는 생각이 들더라고요. 이렇게 면접관이 다른 생각을 하게 되면 이야기에 집중이 안 되기 때문에 벽에 걸린 시계조차도 없는 게 좋아요. 특히 화면에서 배경을 고를 수 있는 시스템들도 있지만, 얼굴이 자연스럽게 안 나오기 때문에 아무것도 없는 깨끗한 흰색 벽면이 가장 좋습니다.

두 번째는 시선 처리를 올바르게 하는 것이다.

화상 면접에서는 지원자의 시선에 따라 면접관이 보는 인상이 다를 수 있습니다. 우리는 습관적으로 직접 만나서 이야기할 때처럼 화면에 보이는 상대방의 얼굴을 보며 이야기를 하게 되죠. 이때 면접관의 화면에서는 취업 준비생의 시선이 정면이 아닌 아래를 보고 있는 것으로 보여, 당당함이 없어 보일 수 있어요. 시선은 꼭 카메라를 향해야 합니다. 이것을 자연스럽게 연출하기 위해서는 평소에 카메라를 향해 말하는 연습이 필요합니다.

세 번째는 목소리를 한 톤 높이는 것이다.

일반 면접에서도 목소리가 중요하죠. 목소리의 크기가 적당하고 발음이 좋아야 자신의 이야기에 호소력이 커져 스토리텔링을 극대화할 수 있습니다. 그런데 화상 면접은 직접 전달이 아닌 기계를 통해 다시 재전달되어 목소리의 크기와 발음이 직접 듣는 것보다 안 좋을 수 있습니다. 그래서 평소보다 한 톤 높이고 정확한 발음에 더욱 신경을 써야 합니다. 마이크를 사용하는 경우 상대에게 어떻게 목소리가 전달되는지 체크를 해야 하며 특히 인터넷 상황이 불안정할 때 목소리가 끊어지는 현상이 가장 안 좋기 때문에 무선, 유선 모두 미리 점검해야 합니다. 또한 갑자기 발생할 수 있는 주변 소음도 체크해야 합니다. 아파트

관리실 방송, 초인종 등 작은 변수까지 확인해야 면접에만 집중할 수 있습니다.

네 번째는 복장을 갖추어 입는 것이다.

캐주얼 복장이라고 되어 있는 경우라도 캐주얼보다는 정장이나 비즈니스 캐주얼이 좋습니다. 일반 면접에서는 지원자의 전체 이미지를 볼 수 있지만, 화상 면접은 가슴 라인까지만 보게 되므로 깔끔한 이미지가 더욱 중요해요. 또한 복장을 갖추어 입으면 올바른 자세도 갖춰집니다.

다섯 번째 답변의 질에 신경 쓰는 것이다.

화상 면접은 일반 면접 보다 답변의 '질'과 '내용'이 더 중요합니다. 다수 면접에서 공통 질문을 많이 했다면 화상 면접은 지원자 한 사람에게 깊이 있는 질문이 가능합니다. 또한, 장황하게 설명하는 경우 대면보다 집중하기 어려우므로 '짧으면서 요점 정리된 대답'을 하는 것이 좋습니다.

화상 면접 연습 방법을 알아볼까요?

첫 번째 방법은 화상 면접 공간을 찾고 정리하는 것이다.

화면에서 공간이 어떻게 나올지 확인하는 것이 중요합니다. 공간에서 자신 외에 신경 쓰이는 것이 없도록 해야 하며 특히 인터넷이 안정된 곳을 찾아야 합니다.

두 번째 방법은 복장을 갖추어 입고 노트북, 컴퓨터 앞에 앉아 줌 등의 화상 프로그램을 열고 녹화를 하는 것이다.

화면에서 캐주얼 복장과 정장 입는 것을 비교하며 자신의 이미지에 더 좋은 것을 선택합니다.

세 번째 방법은 준비된 질문에 답변을 하면서 시선, 표정, 목소리에 신경을 쓰는 것이다.

화상 면접에서 목소리는 내용 만큼이나 중요하므로 크고 힘차게 말합니다.

네 번째 방법은 답변이 끝난 후 녹화된 영상을 확인하는 것이다.

자신의 시선이 올바른지, 표정이 너무 경직된 것은 아닌지, 목소리가 크고 정확하게 전달 되는지 확인해야 합니다. 특히 정확한 전달을 위해 다음의 방법을 지속적으로 연습해야 합니다.

이미 작성된 답변의 시나리오를 보고 예시처럼 어디에서 숨을 쉬어야 하는지, 어떤 단어가 핵심단어인지 체크하고 체크한 것에 맞추어 문장을 읽습니다.

예시

일을 하면서 가장 중요한 것은 체력이라고 생각합니다. / 제가 많은 요소 중 체력을 말씀 드린 이유는 /아무리 하고 싶은 일이 있고, 열정이 가득해도 체력 없이는 오랫동안 유지할 수 없기 때문입니다. / 어렸을 때 피아노를 배웠습니다. 피아노 경진 대회를 출전하게 되어 많은 노력을 하고 준비를 하고 싶었지만 / 체력이 따라주지 못해 연습을 많이 할 수 없었습니다. / 결과적으로 입상은 못했지만 이 경험을 통해 하고 싶은 일을 오랫동안 잘 하려면 체력이 뒷받침이 되어야 한다는 것을 느꼈습니다.

쉬는 구간에서는 확실하게 쉬어줍니다. 문장이 끝났는데 쉬지 않고 다음 문장으로 바로 이어서 하는 사람들이 있어요. 이렇게 되면 속도가 빨라지고 듣는 사람도 숨을 쉬기 어려워 듣기가 불편할 수 있어요.

색으로 표시한 단어는 조금 더 힘을 주어 말합니다. 잔잔함 속에 강약이 있으면 말이 리듬감 있게 들릴 수 있죠. 그리고 한 문장의 마무리는 정확하게 합니다. 마무리를 흐리게 되면 말하는 의지가 없어 보일 수 있어요.

문장을 읽다가 유난히 발음이 안 되는 단어가 있다면 정확하게 읽는 연습을 반복합니다. 발음이 잘 안 되는 단어를 말할 때 무의식적으로 긴장을 해서 더 발음이 안 되는 경우도 있어요.

면접시 비언어적 요소의 중요성

자소서와 면접의 차이는 전달하는 행위가 '글'과 '말'이라는 것입니다. 이것은 큰 차이가 될 수 있어요. 왜냐하면 스토리를 말하면서 표정, 눈빛, 제스처, 목소리, 억양, 빠르기 등 비언어적 요소가 스토리를 풍성하게 혹은 빈약하게도 만들 수 있기 때문입니다. 메라비언법칙(The Law of Mehrabian)에 의하면 대화를 구성하는 요소는 시각적 요소 55%, 청각적 요소 38%, 언어적 요소 7%입니다. 따라서 얼굴을 직접 보고 말하는 면접에서는 시각, 청각적 요소인 비언어적 요소가 93%를 차지하죠. 그래서 똑같은 내용이라도 비언어적 요소에 의해 '전달력'은 차이가 납니다. 목소리가 좋은 지원자가 있다면 목소리가 안 좋은 지원자보다 플러스 효과가 있는 것은 당연하겠죠. 그래서 면접을 준비한다면 발성, 발음, 말의 속도, 강약, 표정, 시선 교환 등의 비언어적 요소를 연습해야 합니다. 화상 면접은 이 부분이 더 큰 차이를 줄 수 있으므로 자신의 비언어적 요소를 위해 연습하고 미리 체크해 보아야 해요.

흥하는 자소서를 만들고 흥하는 면접준비를 해보세요

자소서는 긴 여정과 같아요. 물론 빠르게 작성할 수도 있지만 완성도가 높은 자소서를 만들기 위해서는 철저한 준비가 필요합니다. 먼저 흥하는 자소서와 망하는 자소서의 차이를 분명히 알아야 합니다. 이유 없는 결과는 없듯이 만약 광탈을 한다면 분명한 이유가 있어요. 그 이유를 알고 악순환이 반복되지 않도록 해야합니다. 이렇게 이유를 파악했다면 자소서 준비과정이 필요해요. 요즘 자소서는 기업마다 특색이 다르기 때문에 기업, 직무에 대해 탐구하는 시간이 필요해요. 이 시간이 충분할수록 자소서와 면접의 기반이 단단해지겠죠. 특히 수시채용인 경우 입사 지원까지 기간이 충분하지 않기 때문에 자소서의 재료를 준비하면 시간을 효율적으로 사용할 수 있어요. 준비가 끝났다면 이제 자소서를 작성해보세요. 자소서는 에세이와 달라 구조를 갖고 있어요. 자소서 스토리텔링에 맞추어 기본 자소서 혹은 기업별 자소서를 작성해 보세요. 완성된 자소서는 서류전형에만 사용되는 것이 아니죠. 면접에서 중요한 역할을 하기 때문에 자신의 자소서를 꼼꼼히 살펴보고, 자소서 작성에서 배웠던 기법을 활용하며 면접 준비도 함께 해보세요.

자, 여러분 마음의 준비가 되었나요? 그럼 지금부터 흥하는 자소서를 작성해보고 흥하는 면접 준비를 해볼까요?

'자소서노트'는 책 본문에 제시된 자소서 양식입니다.
책을 읽으면서 혹은 책을 다 읽은 후 자소서 양식에 맞추어
자신의 자소서를 작성해 보세요.

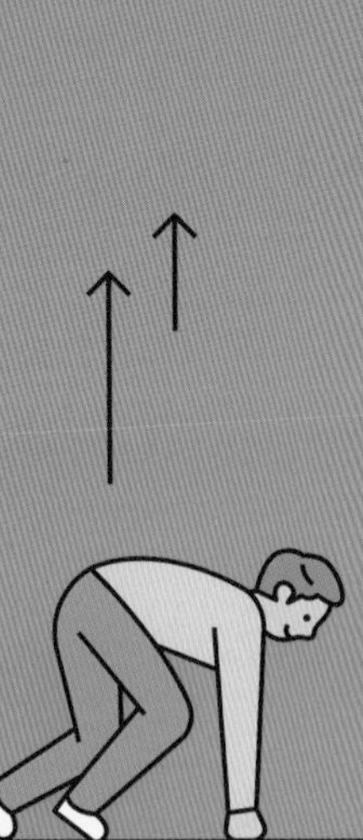

부록

합격을 부르는 '자소서노트'

1.자소서 진단

1.1 자소서진단표

기존에 작성한 자소서가 있는 경우 O, X로 체크해보세요.

구성	내용	체크
스토리텔링	1. 전달하려는 핵심메시지가 있는가?	
	2. 핵심메시지가 기업입장에서 흥미를 느낄 수 있는 내용인가?	
	3. 경험에 핵심메시지가 잘 표현되었는가?	
차별화	4. 자신의 생각이나 가치관이 드러나도록 작성했는가? (주장하는 핵심 단어를 자신의 생각으로 다시 재해석 했는가?)	
구체화	5. 경험에서 상황에 따른 과정을 구체적으로 작성했는가?	
성과	6. 정량적 성과를 작성했는가? (목표대비 얼마나 성과를 이루었는지 작성했는가?)	
	7. 경험을 통해 배우고 느낀 정성적 성과를 작성했는가?	
기본	8. 질문에 맞는 내용을 작성했는가?	
	9. 오타가 없고 회사명, 회사 정보가 정확한가?	
	10. 사자성어, 전문용어 사용 시 내용에 맞는가?	

2. 자소서 준비하기

2.1 경험탐색표

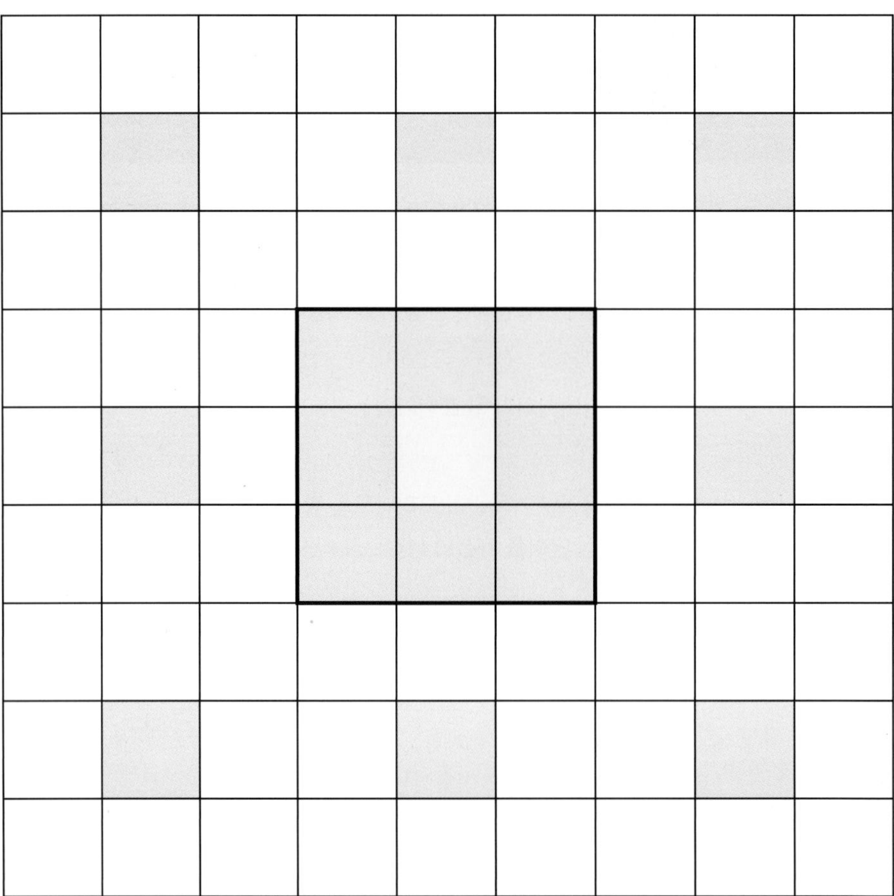

2.2 경험디자인표

경험군	언제	주제	상황	과정	정량적 성과	정성적 성과

2.3 기업탐색표

기업명	구분	키워드	내용 (기업의 의미, 내가 활용할 내용)	재해석	경험
	미션				
	비전				
	핵심 가치 or 인재상				
	기타 정보				

2.4 직무탐색표

직무가 하는 일

직무역량	재해석	경험

2.5 강점탐색표

강점	재해석	경험

2.6 가치탐색표

가치	재해석	경험

3. 기본 자소서 작성

3.1 성장과정작성표(삶의 가치관)

스토리텔링	성장과정	내용
주장(두괄식)	가치관	
재해석		
경험	형성 계기	
성과	성과	
기여도	직무 활용	
일관성	-	일관성(주장과 근거의 일치)이 있는가?

3.2 성장과정작성표(직무 가치관)

스토리텔링	성장과정	내용
주장(두괄식)	가치관	
재해석	필요성	
경험	형성 계기	
성과	성과	
기여도	-	※ 직무관련성 가치관이므로 기여도는 중복되어 생략함.
일관성	-	일관성(주장과 근거의 일치)이 있는가?

3.3 장점작성표

스토리텔링	장점	내용
주장(두괄식)	장점	
재해석		
경험	장점 활용 경험	
성과	성과	
기여도	직무 활용	
일관성	-	일관성(주장과 근거의 일치)이 있는가?

3.4 단점작성표

스토리텔링	성장과정	내용
주장(두괄식)	단점	
재해석	어려움	
경험	개선 방법	
성과	-	-
기여도	다짐	
일관성	-	일관성(주장과 근거의 일치)이 있는가?

3.5 지원동기작성표(기업 강점)

스토리텔링	지원동기	내용
주장	지원 이유	
재해석	-	-
경험	기업 강점	
성과	-	-
기여도	직무 활용	※ 기업강점에서 설명하였다면 생략해도 됨.
일관성	-	일관성(주장과 근거의 일치)이 있는가?

3.6 지원동기작성표(기업 보완점)

스토리텔링	지원동기	내용
주장	지원 이유	
재해석	-	-
경험	기업 강점	
	아쉬운 점	
성과	-	-
기여도	직무 활용	
일관성	-	일관성(주장과 근거의 일치)이 있는가?

3.7 입사 후 포부작성표

스토리텔링	입사 후 포부	내용
주장	목표	
재해석	-	※ 목표 핵심 키워드가 정확하지 않은 경우 재해석을 함.
경험	계획	
성과	-	-
기여도	다짐	
일관성	-	일관성(주장과 근거의 일치)이 있는가?

4. 기업별 자소서 작성

4.1 기업별문항작성표

스토리텔링 / 문항 핵심		내용
주장		-
재해석		-
경험		
성과		
기여도		-
일관성		일관성(주장과 근거의 일치)이 있는가?

에필로그

환경이 변하면 자소서와 면접도 변한다

수시 채용이 이전에도 있었지만 팬데믹(pandemic) 이후 급속히 증가하고 있습니다. 이런 변화가 온전히 팬데믹만의 영향은 아닙니다. 팬데믹을 포함한 다양한 요인과 경영 환경의 급격한 변화로 예전처럼 그룹사에서 한날한시에 신입사원을 일괄 선발해 배치하던 문화가 이제는 맞지 않기 때문입니다. 이렇듯 공개 채용에서 수시 채용으로 바뀌면, 우리에게 달라지는 것은 무엇이 있을까요?

가장 크게 달라지는 것은 이제는 특정 채용 기간을 정해 놓고, 그에 맞는 계획을 세우기가 어렵다는 것입니다. 공개 채용은 모집 기간이 일정해 취업을 준비하는데 계획을 세울 수 있었고, 직무가 구별되긴 하나 신입사원이라는 큰 테두리 안에서 많은 인원을 뽑았기 때문에 지원 분야도 넓었습니다. 하지만 수시 채용은 말

그대로 수시로 이루어지기 때문에 어느 기업이 언제 채용공고가 있을지 예측할 수 없습니다. 또는 원하는 기업의 채용이 있다고 하더라도 내가 지원할 수 있는 직무가 아닐 수도 있어요. 이제는 자신의 의지가 더욱 중요해졌습니다. 자신이 원하는 기업을 수시로 체크하고 미리 준비해야 합니다. 미리 준비하지 않으면 수시로 채용공고가 떴을 때 그것을 잡기가 어렵겠죠.

회사에서 요구하는 '역량'의 변화

역량이라는 단어는 우리에게 중요합니다. 자소서와 면접은 나의 역량을 글과 말로 전하는 것입니다. 그런데 예전에 중요하게 생각했던 역량과 지금 필요한 역량은 다릅니다. 예를 들어, 전에는 '성실'이라는 역량이 중요했습니다. 지금도 너무나 중요한 역량이지만 다소 차이가 있습니다. 기업은 재택근무를 확대하고 있고, 팬데믹이 정리된다 해도 재택근무는 계속될 거라고 전문가들이 이야기합니다. 재택근무와 사무실 근무의 가장 큰 차이는 '주도성'입니다. 사무실에서 근무하면 리더의 관리를 받으며 정해진 시간에 출근하고 정해진 틀 안에서 맡은 일을 성실하게 수행합니다. 그래서 성실은 회사생활에서 중요한 덕목이었죠. 하지만 재택근무를 하면서 '성실'보다는 '자기 주도성'이 더 중요하게 되었습니다. 시간 관리, 업무 등 모든 것을 자신이 알아서 해야 하기 때문입니다. 물론 온라인으로 미팅이 진행되긴 하나 자신을 관리하던 요소들이 많이 사라졌기 때문에 온전히 자신이 스스로 이끌어가야 합니다.

또한 '소통'의 역량도 방법이 바뀌면서 중요도가 달라지고 있어요. 면대면에서 비대면 방식으로 바뀌면서 글의 중요성이 떠오르고 있죠. 글로 자신의 이야기를 잘 전달하는 법, 읽기 쉽게 요점을 정리하는 법, 감정 상하지 않게 글을 작성하는 법 등 예전에는 면대면 소통에 가려져 자주 언급되지 않았던 요소들이 요즘은 중요하게 되었습니다. 따라서 자소서나 면접에서 주장하고 싶은 역량을 기존 역량보다는 요즘 시대에 필요한 역량으로 세분화하여 구체적으로 작성하는 것이 필요합니다.

비대면 면접 증가

요즘 채용 트렌드 1위는 '비대면 채용'입니다. 면접을 비대면으로 전환한 기업이 늘어나고 있습니다. 면접이라는 것이 직접 보고도 자신의 역량을 다 전달하기 어려운데, 이것을 온라인(화상)으로 전달하기는 더 어렵습니다. 하지만 방법이 없는 것이 아니에요. 비대면 면접도 연습하는 만큼 스킬이 좋아질 수 있어요.

취업을 위한 전형 방식의 변화로 우리를 힘들게 하는 것이 사실이지만 이런 변화에서 준비한 사람과 그렇지 않은 사람은 큰 차이가 날 수 있어요. 우리가 늘 걱정했던 다른 지원자와의 차별화가 이럴 때 빛을 발할 수 있습니다.

여러분, 취업 준비는 절대 하루아침에 되지 않아요. 매일 10분이라도 준비하는 습관이 필요합니다. 이 책은 펴는 순간 여러분의 취업 리추얼(ritual, 의식)이 시작됩니다. 취업은 결과이지만 과정이 쌓여야 좋은 결과가 나올 수 있어요. 이 책은 여러분의 변화와 준비, 습관 만들기에 도움을 줄 것입니다. 혹시 늦었다고 생각하신다면 그때가 바로 시작할 때입니다.

늘 여러분을 응원합니다.

2021년 9월 어느날

오미현

흥하는 자소서 망하는 자소서

지 은 이 오미현

펴 낸 날 1판 1쇄 2021년 10월 12일

대표이사 양경철
편집주간 박재영
편　　집 유은경
디 자 인 박찬희

펴 낸 곳 골든타임
발 행 처 ㈜청년의사
발 행 인 이왕준
출판신고 제2013-000188호(2013년 6월 19일)
주　　소 (04074) 서울시 마포구 독막로 76-1(상수동, 한주빌딩 4층)
전　　화 02-3141-9326
팩　　스 02-703-3916
전자우편 books@docdocdoc.co.kr
홈페이지 www.docbooks.co.kr

ISBN 979-11-971678-1-2 (03320)

책값은 뒤표지에 있습니다.
잘못 만들어진 책은 서점에서 바꿔드립니다.